JN410410

한국의 수필 대표작선집

그 산의 바다

한국의 수필 대표작선집

그 산의 바다

우희정 수필선집

1판 1쇄 인쇄/ 2020년 1월 25일
1판 1쇄 발행/ 2020년 1월 29일

지은이 / 우 희 정
펴낸이 / 우 희 정
펴낸곳 / 도서출판 소소리

등록 / 제300-2007-21호
주소 / 03073 서울 종로구 성균관로 5길 39-16
전화 / 765-5663, 010-4265-5663
e-mail: sosori39@hanmail.net
www. sosori.net

*잘못된 책은 바꿔드립니다. 값 9,000원

ISBN 979-11-5891-135-5 04810
ISBN 978-89-959287-6-9 (세트)

한국의 수필 대표작선집

그 산의 바다

우희정 수필선집

■

한국의 수필 대표작선집을 내면서

오늘의 문학 현실을 위기라고들 합니다. 영상 혹은 전자 매체의 범람 등으로 활자문화가 한계에 이르렀다는 우려입니다. 한편으로 위기는 기회를 뜻하기도 합니다.

이 시점에서 수필문학의 주체적 진술방식과 시에 조금도 다를 바 없는 서정의 운문적 양식을 주시한다면 그 해결책이 어렵지 않다고 생각합니다.

주변에는 치열한 작가정신과 파한(破閑)의 여정이라는 틀을 부수고 실험으로 투철한 용기 있는 문학인들이 많습니다. 개개인의 의도적이고 객관적인 처지를 모색하면서 그 특성을 작품으로 창출해냄을 높이 평가해야 합니다.

우리의 수필문학을 오늘에 있게 한 중진들의 작품 가운데서 대표작이라 할 만한 것을 가려 문학사적인 정립을 시도한다면 그 중흥의 한몫을 해내리라 믿습니다.

「한국의 수필 대표작선집」을 기획 편찬하는 까닭도 여기에 있습니다. 많은 참여와 조언, 지도편달과 아낌없는 협조를 당부 드립니다.

- 편찬위원회

1. 사계절 연습

2. 비파를 그리며

1.

사계절 연습

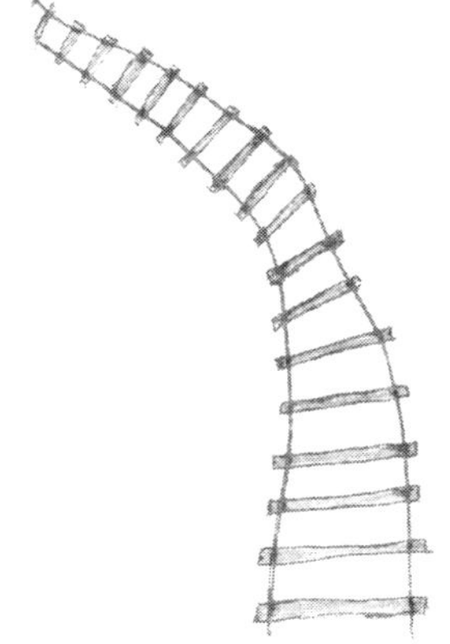

다시 병점

지난 주말 예정에 없던 천안행 전철을 탔다. 천안의 최선생님은 자신도 서울시민이라고 자처하신다. 그 이유가 전철 한 번만 타면 서울로 입성이니 이게 바로 같은 생활권의 시민이 아니냐는 것이다. 최선생님의 자랑에 다분히 영향을 받아 반나절 나들이 길에 올랐다.

전철이 도심을 벗어나자 차창으로 스치는 풍경이 마치 긴 여행이라도 떠나는 양 기분을 들뜨게 했다. 바로 그때 새로 지은 큰 역사가 눈길을 끌었다. '병점역'이었다. 나는 내 눈을 의심하여 다시 한 번 확인했지만 틀림없는 병점역이었다. 초라하고 쓸쓸하던 간이역 대신 현대식으로 웅장하게 지어진 건물에 격세지감을 느끼지 않을 수 없었다.

병점역. 그곳에는 열다섯 살의 내가 있기 때문이다. 주소 하나 달랑 들고 아버지를 찾아 천릿길을 가던 소녀가 있는 까닭이다.

어느 봄날, 갈 길은 아직도 먼데 생텍쥐페리가 사막에 불시착을 했듯 나는 그곳에 떨궈졌다. 전날 어스름 무렵 나는 마산역을 출발했었다. 삼랑진에서 열차를 바꿔 타고 장장 10시간 만에 도착한 서울. 다시 신탄리행을 타야하는데 남행열차를 잘못 타는 바람에 병점역에 내동댕이쳐지듯 내릴 수밖에 없었던 것이다. 그것도 한 번도 아닌 두 번씩이나 똑같은 실수를 해가며….

못내 걱정스러운 기색인 할아버지와 이모에게 웃어 보이기까지 하며 내 꿈을 좇아 열차를 탔지만 세상살이가 그렇게 호락호락하지 않다는 것을 그날 소소리바람이 어린 가슴 할퀴던 그곳에 앉아 뼈저리게 느껴야 했다.

꽃샘추위가 귓불을 에던, 특급열차는 애당초 서지 않는 간이역. 온종일 나를 붙잡아 둔 그곳의 핏빛 저녁놀, 그 처연한 빛깔이라니. 하루의 고단한 여정을 접고 양산봉 너머로 지며 나를 더 서럽게 하던 해의 이별의식, 태양도 안식을 위해 숲 속으로 스며드는데 갈 곳 잃은 내 심정은 막막하기만 했다. 그날 이후 아주 오랫동안 저물 무렵 노을빛만 보아도 전신을 엄습하던 오슬오슬한 한기.

내 의식 속에 오롯이 들앉은 그날의 황당함이 아직 생생한데 그곳에 세워진 웅장한 현대식 역사가 예사롭지 않음은 당연한 일일 것이다.

옛 모습 간데없는 느치미마을도 하늘을 찌를 듯 솟아있는 아파트 이름으로만 남아있다. 교회당이던 역 앞의 빨간 벽돌 건물만이 유일하게 이방인처럼 예전 모습 그대로 서 있다. 다만 '30년 전통 선짓국' 간판으로 바꿔 달고서.

내 인생의 첫 출발점이었던 병점의 변모만큼 나 또한 많이 변했다. 간간이, 그러나 내가 느끼기엔 자주 나를 당혹케 하던 장애물들. 그 간이역에서처럼 황망한 상황 앞에 나는 매번 온몸을 떨어야 했다. 자신이 바라는 것은 이루어지지 않고, 우연히도 나쁜 방향으로만 전개되는 '머피의 법칙'이 내 경우인가 생각될 정도였다.

그러나 잃는 것만 있으랴. 장애물에 자주 부딪히다 보니 고통 속에서 살아남는 방법을 나름대로 터득할 수 있었다. 사람의 한뉘가 기쁨만으로 가득 찰 수는 없지 않은가. 우주자연의 생성근본원리이며, 창조적 우주관을 담고 있다는 태극문양도 오르막과 내리막이 있듯이 불운이 지난 다음엔 그만한 대가의 행운도 따른다는 이치를, 불운의 부피가 큰 만큼 그 상황을 극복하고 난 뒤의 성취감 또한 크다는 것을 알았다. 도리어 그 모든 것이 섞여 나를 자라게 하는 자양분이 되었음도….

어려서부터 약간의 총기 때문에 주위분들의 귀여움을 많이 받았다. 칭찬에 우쭐하여 내 뜻대로 세상이 굴러가려니 했던 때가 있었다. 어른들이 무조건 내 편이 되어 치켜 주는 바람에 내 생각이 항상 옳거니 여겼고 당연히 모든 결과도 성공적일 것이라 믿어 의심치 않았다. 산처럼 높고 견고해 보이는 외할아버지가 든든한 나의 보루였으니 무서울 게 무에 있었겠는가. 그러니 인생길이 순탄했더라면 한없이 교만해져서 나밖에 모르는 이기적인 사람으로 성장했을지도 모른다. 어려운 처지의 사람에게 조금이나마 짠한 마음을 가질 수 있음은 불운이란 이름으로 내 앞에 서던 그 상황들이 나를 성숙시킨 탓이리라.

세월의 둘레를 세 바퀴쯤 돌아 다시 병점에 선 지금 과연 나는 어디쯤 와있는가 되돌아보게 된다.

30년 전통의 선짓국집 붉은 휘장이 깃발처럼 나부끼고 있다.

(2006)

피안에 이르는 길

'도피안사(到彼岸寺)'란 팻말에 끌려 찾아든 길이었다.

'피안에 닿는다니…. 이 무슨 횡재냐.'

유난히 무더운 날씨에 풀잎마저 지쳐 늘어져 있는 오르막길을 땀을 훔치며 걸었다. 그런데 아무리 발길을 재촉해도 피안이 아니라 차안이다.

막연하나마 그곳에는 아늑한 느낌의 단청 바랜 옛 건물이 자연 속에 어우러져 있으려니 했다. 속세를 벗어난 여유를 한껏 부리며 악머구리 끓듯 하는 도심의 소음과 올여름 유별나게 푹푹 찌는 열기를 정말이지 떨치고 싶었다.

그런데 전혀 내가 그렸던 그런 분위기가 아니다. 애써 찾아낸 절은 땡볕에 반짝이는 지붕을 가진 신식건물로 실망감만 더해 줄 뿐이었다.

피안(彼岸)은 강 건너 저쪽 언덕이라는 뜻으로 세속을 뜻하는 차안(此岸)과 상반되는 말이다. 석가모니는 물이 불은 강을 앞에 두고 우왕좌왕하는 속인들에게 이쪽의 차안과 강 건너 피안을 비유적으로 설법하였단다. 강을 건너고 난 뒤 자신이 타고 온 배조차도 연연하지 말고 버리라 하였다던가. 피안은 이로써 후세에 세속을 초월한 이상의 경지, 즉 깨달음의 세계를 나타내는 해탈을 뜻하게 되었다. 스님들의 고행도 결국 그 해탈의 세계로 다가서기 위해서다.

끊임없는 참선을 통해 육신을 맑혀도 겨우 도달할까 말까한 이런 경지를 아무 염치도 없이 나같은 속인이 엿보려 했으니 언감생심도 유만부동이었다.

그래도 실망감이 앞섰다. 길가에 호랑나비 도리질을 할 때 알아봤어야 했다. 어디 호랑나비뿐인가, 산새가 '아니오, 아니오,' 하듯 높은음자리로 지저귈 때 진작 발길을 돌렸어야 했는데…. 혹시나 하는 바람으로 걸음에 걸음을 보탠 것이 불볕더위 속을 뚫고 지나치게 오른 격이었다.

벼락 맞아 한 쪽 날개가 꺾인 소나무의 손사랫짓을 보고서야 체념하는 이 어리석은 중생의 미련함을 어찌 하면 좋을꼬. 헛된 꿈을 꾸며 발걸음 쉬이 체념하지 못한 대가로 더위에 엿가락처럼 처져서 더 길어진 길을 늘여서 내려왔다.

그냥 돌아서기에는 못내 아쉬움 남아 이곳에서 가까운 비봉산 아래에 자리하였다는 죽산리 석불입상을 찾기로 했다.

좁은 밭고랑을 타고 들다 그 모든 걸 상쇄할 수 있는 석불입상과 3층석탑을 만났다. 감탄이 절로 이는 저들의 매력에 조금 전까지의 실망감은 숫제 달아나는 듯하였다.

죽주산성 아래에 쓰러져 있던 것을 옮겨온 연꽃문양 대좌 위의 석조여래입상은 민머리에 지혜를 상징하는 상투를 틀고 두 어깨를 덮은 주름이 풍성한 옷차림이다. 몸체를 약간 뒤로 젖히고 가슴을 내밀어 꼿꼿하게 서 있는 모습이 아주 당당하다. 마을사람들은 이 불상을 미륵불이라 여긴다.

뜨거운 지열에도 아랑곳없이 초연한 자세로 저 만큼 밭 가운데 홀로 선 석탑을 굽어보고 있는 미륵불의 눈길을 좇아 나는 다시 성급한 걸음을 뗀다.

오래 되지 않은 무덤을 거느리고 콩밭에 다소곳이 서 있는 돌탑이 잔잔한 감동으로 파고든다. 흙으로 돌아간 무덤 속의 망자는 높이 솟은 석등을 거느리고도 초라한 모습이건만 돌탑은 제 홀로도 상당히 다부진 모습이다.

달빛마저 자취를 감춘 깜깜한 밤이면 깨꽃을 등불 삼아 밝힌 듯 뒷자락이 온통 하얗다.

이 탑은 통일신라 후기의 승려인 혜소국사가 세운 것으로 전해지지만, 누가 세웠으면 어떠랴. 언제든지 달려와 소원을 빌면 말없이 감싸 안아주고 염원을 들어주는 마을 사람들의 유일한 의지처인 것을. 땅 깊숙이 발을 묻고 있어 기단부(基壇部) 아래의 완전한 모습은 알 수 없으나 드러난 부분만으로도 충분히 많은 얘길 전한다. 윗돌 굄을 장식한 연꽃에서 향내가 풍기는 듯하여 심호흡을 해본다.

탑은 밭 가운데 홀로 섰어도 키 낮은 콩이 포졸들마냥 도열해 외롭지 않아 보인다. 앞 가리지 말라고 작은 키 콩을 심은 밭주인의 속내도 얼마쯤은 짐작된다. 그가 혜량하지 않았다면 나는 오랜 연륜에 더께로 앉은 이끼조차도 잘 마름질한 옷으로 받아들인 석탑을 보기 위해 전봇대의 발판이라도 딛고 오르는 수고를 마다하지 않았으리라. 담 대신 수수로 울타리를 두른 밭주인의 속 깊음 또한 무슨 말로 치하하면 좋을지.

그러고 보니 머리 위를 지나는 흰 구름, 덩달아 하얀 꽃을 피운 도라지조차 탑의 뜻을 눈치 챈 것은 아닐까. 이웃한 배롱나무, 호박, 모두가 꽃을 피웠다. 남들 꽃모양에 시샘하듯 잎 끝에 눈처럼 하얀 칠을 하여 자신도 꽃인 양하는 설악초(빙화). 해바라기만 꽃을 못 담았지만 그도 이내 벙글 자세다. 니들만 꽃이더냐, 꽃만큼 예쁜 열매를 단 고춧대가 빠지지 않고 참견을 한다. 한 그루에 올망졸망 달린 고추의 색깔이 다양하다. 푸른 것 아래 붉은 놈을 감추었고 중간에 반 붉은 열매들, 맨꼭대기에는 손자녀석의 고것과 같은 풋것이 사이좋게 한 대궁에 매달려 있다.

전봇대가 줄 지어 서 있은들 무슨 소용이랴. 곁에 있는 도랑께로 돌아드니 적막강산이다. 고요함 속에 잠긴 물소리와 숲의 소리를 귀가 먼저 알아듣고 쫓느라 바쁘다.

골짝으로 흘러내리는 물에 맨발 담그고 앉아 손바닥만 한 손수건을 적셔 등에 얹자 금세 차디찬 나락으로 떨어져 내린다. 이게 바로 피안이 아니고 무어랴. 두어 발짝 바깥은 지옥 같은 불볕 사정없이 내리꽂히는데 서늘하기 그지없는 한기를 느끼는 지경이니….

피안에 이르고 싶을 때면 다시 이곳을 찾으리라.

석탑이 품고 있는 이 들녘은 사계절 내내 또 다른 색깔과 느낌으로 다가올 게다. 돌빛은 그대로인 듯해도 표정은 그 나름의 것. 그것이 연출하는 세월의 빛깔은 언제나 다를 것이기 때문이다. (2006)

사계절 연습

묘한 상상의 세계로 이끄는 그 분위기를 만끽하기 위해 오늘도 나는 그곳을 찾는다. 공존하는 사계절을 즐기러….

대리석 계단을 스물네 개 올라서면 내 키의 세 배는 됨직한 육중한 나무문이 앞을 턱 막아선다. 그 문은 일본의 에도 황궁 전안문(田安門)처럼 쉽게 열리길 거부하는 느낌이다. 문에 비해 아주 작은 노란 금속 손잡이를 힘껏 당긴다. 마음속으로 '열려라 참깨'를 외면 견고하고 묵직한 문도 어렵지 않게 열린다.

열림과 동시에 둥근 돌을 쌓아 올린 원탑이 강한 흡인력으로 사람을 끌어당긴다. 원탑의 꼭대기에서 아래로 늘어진 여러 갈래의 가느다란 나뭇가지엔 총총히 별이 달린 듯 노란색과 붉은 물감 들인 은행잎들이 손을 내젓는다.

어서 가을 속으로 들어오라고.

왼쪽에는 크기가 각각 다른 사슴 열댓 마리가 점점이 땅에서 출발하여 함박눈 날리는 하늘로 비상해 오르고 있다. 한 발짝 다가서면 화이트크리스마스의 들뜸과 어우러질 수도 있다. 덩달아 내게도 꿈의 날개는 돋는다.

건너편에는 달걀모양의 하얀 공이 덩굴나무의 가지에 조롱조롱 달려있어 백목련인 듯 화사하다. 그 아래 차탁 가장자리에 꽂힌 아네모네와 어울려 그곳은 또 한창의 봄이다.

테이블을 몇 개 지나면 어른 두엇 들어가고도 남을 커다란 옹기 항아리를 지주 삼아 용틀임치는 마른 가지에 군데군데 꽂힌 장미꽃이 작은 산을 이루고 있다. 촘촘히 들앉은 꽃으로 인해 한여름 날의 정열이 넘친다.

잠깐 사이 가을, 겨울, 봄, 여름을 차례로 음미하고 나는 옆방으로 들어간다.

약간 어두컴컴한 골방으로 들어서면 긴 벽을 따라 내려친 검은 커튼에 도드라진 붉은 장미문양의 자수와 그 장미를 비추는 작은 알전구가 선뜻 눈에 띈다.

아래쪽 길다란 탁자 위에는 희고 가는 실철사 같은 것들이 세워져 있기도 하고 엉켜있기도 하다. 수많은 가닥

들이 흩트려져 있는 것이 무언가 궁금하여 눈여겨보면 쉽게 가는 면발의 마른 국수라는 걸 알 수 있다.

가운데 놓인 탁자 주위는 온통 꽃무덤이다. 한 아름의 꽃이 듬뿍 담긴 아래위의 넓이가 같은 긴 화병, 그 화병의 아래쪽 테두리를 둘러싼 시든 꽃, 막대모양의 탁자 다리를 따라 내려가면 바닥에도 마른 꽃잎이 소복하다. 이곳은 온 실내를 꽃천지로 꾸미기 위해 많은 양의 꽃을 사들이지만 꽃이 시들었다고 그냥 버리는 법이 없다. 시든 꽃은 시든 대로 활용 하다 마지막으로 엘리베이터 바닥에서 남은 향을 뿜는다. 그 향기에 끌려 나는 때때로 상자 속 같은 승강기에 들기를 자청한다.

이 집 주인의 상상력은 가히 파격적이다. 어쩌면 그것은 정칙에 대한 도전이며 일탈일 것이다. 기발한 발상은 거기에 머물지 않고 다양하게 변모하여 언제나 신선한 충격을 준다.

늘 나는 내 행동반경의 좁음과 상상력의 빈곤을 느끼곤 한다. 그럴 때면 이 집의 분위기에 파고들어 스스로를 달군다. 향기로운 허브차를 맘껏 마시고 밤새 내 몸에서도 향내가 절로 뿜어나길 바라는 철없는 꿈마저 꾼다.

오늘 내 눈길을 끄는 것은 탁자 위의 고급 솥이다. 아무렇게나 겹쳐 놓은 솥이 아까워 보이기도 하지만 그것들이 어우러져 내는 묘한 분위기를 값으로 따진다면 이보다 더 경제적일 수가 없을 듯싶다.

어디 그뿐인가. 하나의 촛불로 두 개의 불빛을 음미할 수 있도록 유리창 앞에 놓은 효율성이라니. 키 낮은 촛불의 어스름한 분위기, 로얄코펜하겐 접시에 담긴 달콤한 케이크나 초콜릿 한 조각이 나의 감성을 완전히 자극한다.

벽에 걸린 달과 별이 무늬진 밤색 등잔이 터키의 운명처럼 깜박인다. 터키의 국기를 닮은 등잔을 보며 또 다른 세계로 나는 지금 이 집 특유의 음악을 따라 여행을 떠나려 한다. 가자, 우리 함께 상상의 나라로.

(2006)

장승들의 길목

몇 해 전 안동 하회마을 입구에서 장승의 무리를 만난 적이 있다. 하회탈의 형상을 연상시키는 굵게 패인 주름살에 은근한 웃음은 눈을 아무리 부라린들 무서울 리 없고 도리어 친근감을 주었다. 각시장승 하나는 전라(全裸)로 부끄럼 하나 없이 난전에서 삿된 포즈를 취하고 있었다. 예전 같으면 감히 양반마을에 웬 음탕한 짓거리냐고 불호령을 맞을 형용이나 그조차도 애교로 봐줄 만하였다.

그곳에서 나는 변강쇠를 벌하기 위해 방방곡곡에서 모여든 장승들이 갑론을박 하던 「가루지기전」의 한 장면을 떠올리며 고소를 금치 못했었다.

허구한 날 투전판이나 기웃대고 색이나 밝히던 강쇠가 옹녀의 설득에 지게를 지고 나무를 하러가면서 사건은 시작된다. 동네 초동들도 다하는 일이지만 난생처음 나선 길인 강쇠에게 나무꾼 노릇이 어디 쉽다할 수 있는가. 지게 괴어놓고 실컷 낮잠을 즐기다 보니 저물녘이다. 해는 기울었고 지게는 비었으니…. 기왕에 나선 길 그냥 갈 수는 없는 일이다. 에라 모르겠다, 길가에 버티고 선 장승을 뽑아가지고 돌아온다. 낭군의 나뭇짐이 궁금하여 들여다보던 옹녀는 기함을 할밖에.

> 장작나무 구경차로 불 켜들고 나와 보니 어떠한 큰 사람이 뜰 가운데 누웠으되 조관을 지냈는지 사모, 품대 갖추고 방울눈 주먹코에 채수염이 점잖으다. 여인이 깜짝 놀라 뒤로 콱 주잖으며, "애겨 이것이 웬일인가. 나무하러 간다더니 장승 빼어 왔네그려. 낢이 암만 귀타하되 장승 패어 땐단 말은 언문책 잔주에도 듣도 보도 못한 말. 만일 패어 땠으면 목신동증(木神動症) 조왕동증(竈王動症), 목숨보전 못 할 테니, 어서 급히 지고가서 선 자리에 도로 세우고, 왼발 굴러 진언치고 다른 길로 돌아옵쇼."
> "가사는 임장(任長)이라 가장이 하는 일을 보기만 할 것이지. 계집이 요망하여….

후환을 두려워하는 옹녀의 만류에도 불구하고 팔뚝을 걷어붙인 강쇠, 도끼로 패어 구들장을 데우고 운우지락(雲

雨之樂)을 즐겼으니 동티가 나지 않을 수 있으랴.

다음날 밤 조선 팔도의 장승들이 강쇠를 벌하려고 새남터에 모였것다. 하나도 낙루없이 기약대로 다 모이니 새남터에 배게 서서 시흥 읍내까지 빽빽하다.

> 대방이 운을 뗀다.
> "변강쇠 지은 죄를 어떻게 다스릴꼬."
> "흉녕한 그런 놈을 부지불각 불 지르면 제 죄를 제 모르고 도깨비 장난인가 명화적 난릴런가 의심을 할 터이니…."

결국 팔도장승들이 제각기 달려들어 병 하나씩을 강쇠의 몸 팔만사천 털구멍에 빠짐없이 바르기로 합의했으니 그가 아무리 기운이 충천하는 남정네라 한들 무슨 재간으로 성할 수가 있는가. 그날로 동티가 나서 급살을 하였다.

이야기가 엉뚱한 데로 흘렀지만 어쨌든 장승을 해코지했다가는 재미없는 노릇이겠다.

하여튼 그 정경이 내내 잊혀지지 않고 가끔 틈날 때면 내 의식 속에서 솟구쳤지만 3년이 지나도록 글 한 줄 쓰지 못하고 무심히 지내왔다. 그런데 오늘 첩첩 산들을 배경으로 서 있는 그들의 무리를 이곳 문경새재 길목에서 또다시 만난 것이다.

여느 장승들의 형용이 그러하듯 이곳에 있는 장승의 형상 또한 각양각색으로 해학적이다. 혀를 빼물고 있는 것에서부터 봉두난발을 하고 허연 이를 드러내고 있는 모습 등….

득남을 기원하는 한 쌍의 장승은 에로틱한 모습이지만 속되기보다 웃음을 머금게 한다. 혀 대신 성기를 꺼내놓고 있는 남성과 젖무덤을 삐죽이 내놓은 여성의 몸짓을 보고 누군들 웃지 않으리.

마을 입구에 서서 벽사의 기능과 길의 이정표 노릇을 하던 장승이 현대의 표지판에 밀려 시나브로 사라지나 했더니 지방자치제가 되면서 다시 떠오르고 있다.

고장의 특색을 소개하며 이렇게 한마당에 모인 것이다. 가슴에 새긴 글발도 변해 '민족통일남장승'과 '민족평화여장승'도 보인다. 뿐만 아니라 '백두대장군, 한라여장군, 북방흑제장군(北方黑帝將軍)' 등등 염원도 가지가지다.

길게 늘인 두 가닥의 새끼줄 군데군데 꿰어 놓은 흰 창호지에 담긴 소망들이 바람에 나부낀다. 장승들의 신력에 힘입어 인간들의 기원이 하늘에 닿을 것이다.

큰 물 진 뒤 둥치만 남은 나무 주워다 나도 '수필대장군' '수필여장군' 한 쌍 그들의 무리 속에 끼워두면 어떨까 싶다.

(2005)

그해 여름

남쪽으로부터는 연일 갈증을 호소하는 소식이 북상하고 있었다. 그런 여름날, 나는 밤열차를 탔다.

내 나이 스물일곱.

산다는 것에 대하여 절망하기에는 아직 이른 나이였다. 하지만 일곱 빛깔 무지개로 영롱히 빛나야 될 내 청춘에 검은 장막처럼 내려진 어두움. 영원한 별리 앞에서 나는 끝없이 절망스러웠다.

그것에 덧보태 열차가 출발하자마자 코를 고는 옆자리의 아저씨와 "죽어도 고!"를 외치며 화투놀이 하는 사람들의 떠드는 소리가, 어두운 굴 속으로 빨려들며 금속성을 내는 열차가 나를 점점 더 깊은 절망 속으로 밀치고 있었다.

객차 안은 다양한 세상사가 섞여 삐걱이며 굴러가고 있

었다. 이탈할 것 같이 뒤죽박죽인 삶을 끌어안고 열차는 끝없는 평행선을 그렇게 달려갔다.

기차역과 담 하나를 사이에 두고 있는 할머니댁은 텃밭을 낀 전형적인 시골집이었다. 주인의 모습보다 더 연륜이 쌓인 축담과 형식뿐인 대문으로 들어서자 정적이 감돌았다. 옆집으로 마실 가신 할머니를 대신해 집을 지키던 누렁이가 섬돌에 그대로 엎드린 채 세상사를 달관한 표정으로 눈만 껌벅거렸다.

나를 반겨준 것은 텃밭을 마당삼아 심어진 여러 종류의 과실나무였다. 젊은이들은 모두 떠났지만 그렇듯 무릉도원 같은 전원 속에서 할머니는 사셨다.

내가 머무는 동안, 여름볕에 달구어진 마당을 에워싸고 있던 감, 석류, 모과, 은행은 각각 자신의 열매를 영글리느라 내게 눈빛조차 보내지 않았다. 그중 모진 풍상 다 겪은 모습으로 내 눈을 끄는 게 있었다. 나지막하게 벙글린 가지에 큰 잎사귀 사이사이마다 조신하게 열매를 맺은 무화과나무였다.

꽃을 피우지 않고 열매를 맺어 무화과(無花果)라 했는가.

잘 익은 열매를 하나 톡 따면 아픔 같은 젖빛 액체를 흘리는 나무. 그 젖빛 액체에서 전해지는 끈적한 아픔 때문에 나는 더 절망스러웠다. 살짝 벌어진 속으로 보이는 꽃잎 같은 속살, 연분홍빛의 발그레한 속살을 한입 베어 물면 시린 듯 달콤한 맛이 또한 나를 눈물나게 했다.

그러나 나는 그렁그렁 고이는 눈물을 흘리지는 않았다. 아직 눈물이 남아 있다는 것은 희망이 있다는 의미가 아닐까.

내게도 정말 희망이 있는 것일까?

할머니는 무화과나무 아래에서 하루해를 소일하는 내가 보기 딱했는지 여수행 열차의 시간에 맞추어 내 등을 밀어내셨다.

오동도 방파제에서 한나절 바다를 향해 앉아 있었다.

옛날 옛날 한 옛날, 어느 여인이 바다로 나간 남편을 기다리다 망부석이 되었다던가….

그럼 나는 누구를, 무엇을 기다려야 할까. 기다림의 대상이 없다는 것은 또 얼마나 절망적인가.

오래도록 앉아있던 나는 태양보다 더 뜨거운 사람들의 눈길 때문에 자리를 털고 일어섰다. 어차피 그곳이 내 목적지는 아니었으니까.

연락선은 나를 태운 지 한참 만에 낭도라는 섬에 내려 주었다. 저만치 마중 나오는 통통배가 물을 가르며 다가오고 있었다. 내가 찾아가는 곳은 낭도에서도 10여 분 더 가는 무인도였다. 그곳에는 멸치잡이를 하는 세 부부가 있었다. 그들은 겨울에는 여수에 있는 본집으로 모두 철수하고 봄부터 가을까지는 이곳 토담집에 살며 멸치잡이를 하고 있었다. 바다에 그물을 쳐놓고 물때에 맞추어 멸치를 거두어 오면 여인들은 그것을 쪄서 말리는 것이었다.

다음날부터 바다와 가장 가까운 높은 바위에 나도 망부석이 되기 위해 나가 앉았다. 바다를 향해 바위에 앉으면 오른쪽으로는 고흥반도가 보이고 앞쪽 망망한 물결 저 너머는 마라도가 보이는 듯했다.

희망 없는 기다림에 지치면 나는 섬을 몇 바퀴 돌다가 옷을 입은 채 바다 속으로 들어가고는 했다. 차츰차츰 빨리듯 깊이 들어가다 눈앞에 밀려드는 밀물을 보고 울컥 솟는 두려움에 뒤돌아보면 개펄에 남아 있는 내 발자국과 그들의 삶이 그림처럼 보였다.

여기저기 널린 은모래빛 멸치, 한 코, 한 코 그물을 깁고 있는 조금은 억세 보이는 여인, 오랫동안 그들의 남편들과 생사고락을 같이 했을, 그러나 지금은 한유롭게 쉬고 있는 낡은 목선이 섬을 배경삼아 소품으로 각자의 위치에 있었다.

그들은 하루에 두 번 바다로 나갔다. 간조에 맞추어 나간 그들이 돌아올 때면 아낙들은 분주해졌다. 커다란 가마솥에 물을 끓이고 정적 속에서 움직임이 살아나기 시작했다. 운 좋게도 싱싱한 횟감이 낚인 날은 그대로 해변가에 나앉아 작은 잔치가 벌어지고는 했다. 푸른빛이 도는 갈치회와 막소주, 그리고 그들의 검게 그을린 얼굴은 묘한 조화를 이루어 생동하고 있었다. 걸쭉한 농지거리와 높낮이가 다른 웃음 속에는 뭍에 두고 온 가족들과 따스한 겨울을 위한 희망이 담겨 있었다.

그들인들 왜 절망이 없을까. 수시로 높아지는 파도와 아침저녁 눈에 밟히는 어린 것의 모습, 금쪽같은 멸치와 바꾸어지는 보잘것없는 지전 앞에서 느끼는 자괴감 등을 소박한 웃음의 한 귀퉁이에 묻고 있는지도 모른다.

그들 중 김씨의 모친은 꽃다운 시절에 남편을 바다로 보내고 아직도 망부석이 되지 못했다고 한다. 그 말 속에는 나를 향한 무언의 압력도 있었다. 섣불리 망부석되는 길을 포기하라는….

여름이면 원망스런 파도와 잦은 바람소리에 귀를 곤두세우면서도 손자들의 웃음소리에 위안 받으며 손을 꼽는 김씨의 모친. 이제는 남편이 아닌, 겨울과 함께 돌아올

아들을 기다리고 있을 얼굴도 모르는 그의 어머니 모습이 떠올랐다. 자세히 보니 그 모습은 나를 기다리는 내 어머니의 얼굴이기도 했다.

'그래, 날이 새면 돌아갈 길을 준비하리라.'

뚜우….

꿈결처럼 뱃고동 소리가 들려왔다.

피문어 두 마리와 멸치 한 봉지를 내밀며 아낙이 소연하게 웃었다. 햇볕에 그을린 얼굴에 유난히 흰 치아가 가지런했다.

"산다는 게 다 그런 것이여라."

통통배의 발동기소리를 밀쳐내듯 아낙이 크게 소리쳤다. 도착하던 첫날 던진 내 화두에 대한 일주일 만에 나온 그녀의 대답이었다.

(1995)

기적(汽笛)

그곳은 이름도 생소한 '병점'이라는 작은 간이역이었다. 늙수그레한 역무원 혼자 표를 팔고 개찰을 하는 간이역 대합실에 나는 홀로 우두커니 앉아 황사바람이 훑고 다니는 바깥 풍경을 바라보고 있었다. 너무 황당하고 삭막해서 울고 싶은 심정을 스산한 바람이 헤집고 지나다녔다.

이따금 기적을 울리며 다가오는 열차를 기대에 찬 눈으로 바라보면 기세좋게 그냥 지나치는 특급열차였다. 그래도 기적은 포기할 수 없는 희망이었다. 폭풍 몰아치는 언덕에 홀로 선 듯 윙윙거리는 바람소리에 끝없이 절망하면서 그래도 버틸 수 있었던 것은 그 작은 간이역에도 희망처럼 하루에 몇 번 정차해 주는 완행열차가 있었기 때문이다.

초등학교 졸업 후 상급학교 진학을 못하고 무기력한 절망감으로 하루하루를 보내던 나른한 오후, 뜻밖에 한동안 소식없던 아버지로부터 편지 한 통을 받았다. 그 편지는 나로 하여금 소공녀의 꿈을 궁굴리기에 족했다.

그날 이후 내 마음은 바람 넣은 풍선처럼 부풀어올라 수시로 아버지를 향해 천릿길을 치달리곤 했다. 그런 나를 꿰뚫어본 외할아버지는 어느 날 내게 말없이 차표 한 장을 쥐어 주셨다.

주소만 달랑 들고 나서는 어린 나를 할아버지는 못내 불안해 하셨다. 그런 할아버지께 나는 어른스레 걱정하지 마시라고 웃어 보이기까지 했다. 기차를 태워주며 갈아탈 곳을 몇 번이고 확인하시는 할아버지의 눈은 애지중지 하던 손녀를 떠나보내는 아쉬움과 그동안의 애정에도 아랑곳없이 제 아비 찾아간다고 나서는 나에 대한 서운함이 섞여 갈잎처럼 서늘해 보였다.

나는 짐짓 모른 체하며 손을 흔들었다. 사실 그랬다. 암담하기만 한 그곳에서 탈출하고 싶었다. 그즈음에는 보리밭 이랑에 넘실대던 아지랑이도 지겨웠고 마냥 좋아했던 진달래의 분홍빛조차도 싫었다.

밤새워 달린 기차는 다음날 아침 용산역에 도착했다.

그곳에서 다시 신탄리행 열차로 갈아타야 했는데 남쪽을 향해 되짚어가는 부산행 열차를 도로 탔던 것이다. 혼자서 떠난 여행의 첫 실수였다. 이후 나는 내 인생의 긴 여행에서도 여전히 이런 실수를 되풀이하고 있다.

수원을 지나서 표검사를 받으면서 잘못 탄 것을 알고 서둘러 내린 곳이 병점이었다.

그곳 병점에서 한나절을 보내고 외등에 불이 켜질 무렵 나는 다시 서울로 오는 완행열차를 탈 수 있었다. 그러나 그것으로 내 꿈을 찾아가는 여행이 끝난 것은 아니었다. 그 열차의 종착역이 내 목적지는 아니었던 것이다.

서울로 돌아와 보니 신탄리행 막차는 이미 떠난 뒤였고 버스를 타고 물어물어 주내라는 곳에 도착했을 때는 밤이 깊어 있었다.

버스가 나를 내뱉듯 내려놓은 자리에서 나는 또다시 입을 다물기 어려웠다. 캄캄한 어둠에 온몸이 얼어붙었다.

전혀 상상 밖의 광경이었다. 어디선가 희미하게 흘러나오는 불빛에 정신을 차려보니 하루 종일 나를 묶어두었던 그 간이역보다 더 작은 역만이 적막에 싸여 있을 뿐이었다. 소공녀의 꿈이 여지없이 깨어지는 순간이었다.

썰렁한 풍경에 나는 갑자기 춥고 배가 고팠다. 두려움에 가득 찬 나를 향해 얼마쯤 떨어진 곳에 있는 이발소의 주마등이 손짓하고 있었다. 눈이 번쩍 뜨였다. 앞뒤 생각할 겨를이 없었다. 따스한 불빛만으로도 위로가 되었다. 그 순간만은 '마녀의 집' 등불이라도 상관없었다.

겁에 질려 문을 밀며 목만 길게 빼고 길을 묻는 내게 맘씨 좋아 보이는 아저씨가 달려 나왔다. 야밤에 연락도 없이 이 먼 길을 어떻게 찾아 왔느냐고 놀라며 반기는 그 분은 내게 5촌 당숙이라고 했다.

캄캄한 어둠을 헤치고 인적이 없는 길을 당숙이 앞서 걷기 시작했다. 당숙이라고는 하지만 처음 보는 아저씨의 뒤를 따르는 내 앞에 구름을 비집고 비죽이 나온 달이 푸른빛을 띠고 괴괴한 웃음을 흘리고 있었다. 아저씨의 커다란 그림자가 길게 누워 흔들렸다.

어디로 가는 것일까? 과연 나는 그토록 목마르게 그리던 내 목적지를 향해 잘 가고 있는 것일까.

들길을 지나 개울을 건너고 산모퉁이를 돌면서 혹시 이 길이 잘못 들어선 길이 아닌가 하고 뒤돌아봤지만 아무것도 보이지 않고 이미 지나온 자리엔 어둠만이 가득했다.

내 두려움을 아는 듯 당숙이 어렸을 적 이야기를 했다.

"네 탯줄은 내가 갈랐지."

당숙의 그 말에 달빛 속에서 엄마의 목소리가 아삼하게 들려왔다

"너 낳을 때 의사도 없는 산골에서 난산으로 꼭 죽는 줄 알았니라. 얼마나 다급했던지 사촌 시동생인 성흠이아재가 의사 노릇을 했지. 시동생이고 뭐고 창피한 것도 없더라."

앞서가는 당숙의 등이 따뜻해 보였다.

저만치서 땅에 떨어진 별들이 나를 향해 두 팔을 벌리고 있었다. 산자락에 안긴 동리로 들어서자 허술한 삽작문을 밀며 당숙이 소리쳤다.

"형님! 누가 왔는지 보우."

환하게 웃는 아버지 옆에 젊은 새악시가 아버지를 똑 닮은 아기를 안고 서 있었다. 캄캄한 어둠이 내 주위로 내려앉았다.

뿌연 안개 속으로 훠이훠이 한 소녀가 걸어가고 있는 것이 보였다. 멀리서 환청인 듯 아련히 기적소리가 들려왔다.

(1997)

고등어

'차르륵 탁탁.'

광고지를 끼우는 손이 기계처럼 움직인다. 작업이 끝난 신문은 네 귀퉁이를 반듯이 맞춰 일정 분량씩 지그재그로 차곡차곡 오토바이에 실린다.

새벽 3시, 막 보급된 신문은 잉크냄새가 향긋하며 갓 지은 밥처럼 따끈따끈하다. 모두들 잠들어 있는 시간, 신문을 배달하는 손길이 바쁘다.

폭설이 내리던 어느 날, 신문보급소에 배달 나갔던 소년이 울면서 들어섰다. 소년의 볼은 빨갛게 얼어 있었고 눈물로 범벅이 된 모습은 제 또래 아이들이 따스한 잠자리에 있을 시간이라 보는 이의 마음을 안쓰럽게 했다.

겨울 산동네 비탈길은 더욱더 강파르다. 이 길은 무거

운 리어카를 거부하는 몸짓으로 청소부아저씨를 애태우기도 하고 신문을 돌리는 어린 소년까지도 울리는 애환의 고개이다.

평지는 오토바이를 타는 고참들이 배달을 하고 자전거도 못 들어가는 좁은 골목은 어린 중학생, 막내들 몫이다. 빙판진 오르막길은 그냥 오르기도 힘든데 신문을 어깨에 지고 오르자면 멍에를 멘 소가 무거운 달구지를 끄는 것만큼 힘이 든다. 거기에다 연말연시면 쏟아지는 백화점 컬러광고지는 신문의 무게를 곱절로 만들기도 한다.

그날따라 누구네집 발바리가 신문을 돌리는 소년을 얕잡아 보았는지 앙칼지게 짖으며 덤벼들었다고 한다. 쫓기듯 발을 내딛던 소년은 헛발을 디뎌 다리를 접질렸다. 미끄러운 눈길에 신문은 무겁고 삔 다리는 아프고, 너무나 자신의 처지가 서글퍼 울었다고 했다. 한창 사춘기를 핑계대며 어리광을 부릴 때인데 부모 없이 가장 노릇하느라 뜨거운 눈물을 흘리는 그의 고달픔에 마음이 쓰렸다.

그날 이후 나는 서럽게 울던 소년의 모습이 지워지지 않고 무시로 떠올라 우울했다.

그런데 어느 청명한 새벽, 배달을 마치고 집으로 돌아가는 소년을 우연히 만났다. 언제 그런 일이 있었냐는 듯이 씩씩하게 산동네 언덕을 오르고 있는 소년의 손에는 검정 비닐봉지가 들려 있었다. 내 눈이 봉지에 멎자 소년이 멋쩍은 듯 씨익 웃었다.

"고등어니?"

지난가을 할머니가 좋아하신다고 동네어귀 좌판에서 고등어를 사고 있던 소년의 모습이 떠올랐기 때문이다. 소년은 대답 대신 한 번 더 수줍은 듯 웃고는 몸을 돌렸다. 먼동이 터오는 길로 사라지는 소년을 바라보았다. 뒷모습이 성화의 한 부분인 양 아름다웠다.

나는 그 한 마리의 고등어가 충분히 할머니를 따스하게 하고 소년에게는 힘을 줄 것 같아 적이 안심하였다.

내게도 소년처럼 어렵던 시절이 있었다. 하던 일에 실패하고 쫓기듯 무작정 나서서 발길 닿았던 곳이 부산이었다. 새벽기차에서 내려 하루 종일 헤매다 찾아든 영선동 사글세 판잣집은 그나마 내 처지에 과하다 해야 옳을까?

그동안 한 번도 마음 놓고 산 적은 없지만 이렇듯 철저히 빈손이기는 처음이었다. 더 갈데없이 궁지에 몰려 그곳까지 스며든 내 처지가 한심스러워 밤새 뒤치락거리다 일어나 영도다리 난간에 섰다.

저만치 자갈치시장의 환한 불빛이 눈길을 당겼다.

끌린 듯 들어선 그곳에는 목판 위에 올려진 생선들이 저마다 전설 같은 바다의 사연을 간직한 채 누워 있었고 억센 경상도사투리의 아지매와 그에 걸맞은 억양 짙은 뱃사람들의 흥청거림이 밤을 밀어붙이고 새벽을 부르고 있었다.

그들의 생동감에 이끌려 내 처지 따위는 잊고 비린내 그득한 시장을 한 바퀴 돌았다. 질척거리는 바닥에서 끈끈한 열기가 솟아오르고 있었다.

"새댁, 이 고등어 한 무더기 갖다 국 끓여 보거래이. 심(힘)이 팍팍 솟을끼라."

내 허리의 두 배는 됨직한 아지매의 넉넉한 허리치수와 기운 빠진 내 심경을 눈치 챈 듯 힘이라고 강조하는 말에 끌려 나는 그 앞에 슬그머니 쪼그리고 앉았다.

좌판 위에는 드넓은 바다에서 자유를 누렸을 등푸른 고등어가 매끈한 몸매를 과시하고 있었다. 죽어서도 누군가를 위해 몸을 바칠 수 있다면 헛된 죽음은 아닐 것이다. 더구나 삶을 제대로 누리지 못하는 곤고한 사람들에게 활기를 주는 고등어라니….

"고등어로 국을 끓여요?"

"하모, 추어탕보다는 쬐께 못해도 먹을 만한기라. 값은

싸도 영양가는 최고제."

고등어를 흐무러지게 끓인 후 체로 걸러 건건이를 넣고 끓인 탕을 이곳 사람들은 즐겨 먹는다고 했다.

딱 바라진 소쿠리에 담긴 고등어 한 무더기를 사서 돌아서는 내 등 뒤에다 대고 아지매가 한결 높아진 음성을 보탰다.

"건건이 살 때 산초가루 잊지 마소."

자칫 좌절의 늪에서 헤어나지 못했을지도 모를 그때, 새벽시장의 풍경을 섞어 끓인 고등어국이 허리 굵은 아지매 말대로 내게 힘을 주었던 기억이 떠올라 나는 한참을 그 자리에 붙박인 듯 서 있었다.

분명 할머니와 소년은 오늘 하루 그 한 마리의 고등어로 행복할 것이다. 할머니는 손자가 내미는 고등어를 받아드는 순간 잠시 시름을 잊고 미소 지을 것이고 소년은 자신이 뭔가 할머니를 기쁘게 해 드렸음에 마음 뿌듯할 것이다. 그리고는 냄비 하나 가운데 둔 밥상에 다가앉아 숟가락질을 하며 사랑을 확인하고 재충전되는 힘을 느낄 것이다. (1998)

달동네 별곡

하늘 아래 1번지, 즉 달동네라 이름하는 곳. 그것도 제일 높은 곳에 살았다. 작은아이를 가져 산달이 차올 무렵 평지에 서도 뒤로 자빠질 것 같은 북통만한 배를 내밀고 등산을 하듯 집을 향해 올라갈 때면 정말 힘이 들었다. 한발 한발 내디딜 때마다 중심을 잘 잡아야지 뒷걸음치기 일쑤고 그렇지 않으면 제자리걸음이다.

내려올 때는 또 어떤가. 겨울에는 자동으로 썰매를 탄다. 아예 개구쟁이 아이들은 눈이 온 날 아침이면 책가방을 썰매 삼아 타고 내려간다. 멀리 스키장에 갈 필요가 없다.

연중행사 하듯 겨울이면 몇 사람 정도는 꼭 빙판에 넘어져 깁스를 하고 다녔다.

그 지긋지긋 하던 동네에서 팔 부러뜨리지 않고 3년을

살고 조금 아래 평지로 이사하던 날, 나는 하늘로 솟아오를 듯 신이 났다. 이삿짐을 나르다 아이 장난감 하나가 데굴데굴 구르기 시작했는데 얼마나 가파른지 멈추지를 않았다. 한없이 굴러가는 그 모양을 보고 그날은 재미있어 깔깔대기도 했으니까.

아랫동네로 내려오니 어깨가 으쓱여졌다. 그 달동네 빈민촌에서 벗어난 자신이 대견스럽기도 했고 내가 그 사람들보다 조금, 아주 쬐금 인간 같기도 했다. 그런데 인간 동네로 격상한 나는 계속 신나고 즐거워야 할 텐데 한 달이 가고 두 달이 가자 그게 아니었다. 무엇보다도 새로운 동네에 정이 들지 않았다. 아니 솔직히 말해 어디 정들 틈이 있는가. 꼭꼭 문 걸어 잠그고 서로 얼굴 보기도 힘든 판국이니. 이곳은 왠지 사람 사는 맛이 덜했다.

더러 삶에 부대끼다 옆구리가 허전하고 울컥 목울대 너머로 외로움이 치받치면 다시금 위를 올려다보며 추억처럼 그곳을 떠올려보았다.

아침이면 공동화장실 앞에서 허리춤을 쥐고 동동거리며 줄을 서서 기다려야 하는 곳. 밤이면 한 잔 걸치고 세상을 향해 악다구니하는 소리에 잠을 설치던 그곳이 코끝이 찡하도록 그리웠다.

계단처럼 층층이 지어진 집에서 눈만 뜨면 앞집 처마끝에 오락가락 하는 머리통을 보면서 시작하던 하루.

옆집 순이아빠는 사우디로 돈 벌러 갔고 아랫집 택이아빠는 노동일 가고 낮이면 비탈진 골목에 여인들은 전을 벌인다. 돗자리 깔고 나앉아 부업으로 하는 뜨개질로 손은 바쁘게 움직이지만 입은 자유로워 쏟아내는 수다 속에는 내 집 네 집 살림이 따로 있을 리 만무다. 총총히 붙은 처마 끝과 허술하고 낮은 블록담 너머로 비밀이란 애당초 없다.

어젯밤 부부의 사랑 놀음에서부터 누구네집 새로 산 솥단지 얘기까지 시시콜콜 좁은 골목을 비좁도록 그득히 메운다.

"봐라, 봐라. 어제 느그 와그리 시끄러웠노?"

"그 잡것이 글시 날보고 시장갔다 늦게 왔다고 트집을 잡아서 한바탕 했지라."

"문디 서방 지 처세나 단디해라 캐라."

"그기 다 이녁이 내 한테 사랑이 있어서 그렇제. 어째 탓을 할끼여."

"이 여편네 그래도 잘난 서방이라고 엔간히 감싸네."

까르르 넘어가는 웃음소리가 골목을 채우고도 남아 하늘로 치솟았다.

처음 몇 해 동안 나는 새로운 동네의 메마른 인정에 갈증이 날 때면 아이를 업고 걸리고 인간적인 너무나 인간적인 사람들이 모여 사는 달동네를 오르고는 했다.

오를 때는 힘들어도 그들과 어울려 한바탕 수다를 떨다보면 묵은 체증이 내리듯 시원했다. 그곳에는 체면을 위한 가식적인 행동이 필요 없었고 꾸미지 않은, 있는 내 모습 그대로 보여도 흉이 되지 않는 그런 곳이었다.

흐르는 세월 따라 조금씩 아래로 아래로 내려오며 살다보니 살기에 바빠 시나브로 그 달동네와는 멀어졌다. 그러는 동안 새로운 동네 사람들과 적당히 거리를 두고 가까워지기도 했다. 조금씩 속을 감추고 웃을 줄도 알게 되었고 그네들에게 뒤질세라 점점 영악해져 갔다.

살다보면 누구에게나 한 번쯤 추억에 젖어 강한 그리움을 느낄 때가 있듯이 내게도 가끔씩 걷잡을 수 없이 왈칵 밀려드는 그리움이 있다. 그럴 때면 누군가와 투박한 말투로 넋두리를 하고 싶은 심정이지만 세월이 흐른 그곳은 예전의 그곳이 아니다.

지금은 아련히 추억 속에만 남은 달동네의 정경이 그립다.

(1997)

어깨 좀 빌려 드릴까요

남자의 머리가 옆으로 기울더니 어깨에 묵직한 무게가 실린다. 나는 불쾌하여 흘낏 그를 곁눈질하고는 몸을 앞으로 뺐다. 기우뚱하며 힘없이 넘어지던 남자가 겨우 제자리를 잡는다. 그러나 그는 이내 가볍게 코까지 곤다.

토요일 저녁 10시경, 늦은 귀가길의 다양한 모습들이 모인 전철 안이다. 운좋게 자리를 차지했다 싶었는데 옆에 앉은 남자 때문에 짜증이 난다.

여행길에서 고속버스 옆자리에 앉은 남자로 인해 곤욕을 치른 적이 있다. 그는 차가 흔들릴 때마다 몸을 밀착시키며 내 불편한 심기는 아랑곳없이 조는 체했다.

그 이후 나는 차를 탈 때마다 옆자리의 움직임에 예민한 반응을 보이고는 했는데 이날 전철에서는 다시 코를

고는 그의 모습을 보자 다소 마음이 풀렸다.

이마에 주름살이 뚜렷한 중년의 남자는 정말 피곤해 보였다. 감은 눈꺼풀 위로 삶에 지친 피로의 흔적이 그대로 묻어 있었다.

무아지경으로 빠져든 잠 속에서도 소중하게 끌어안고 있는 누런 서류봉투와 빵 봉지가 내 눈길을 끌었다. 가족들을 위해 빵 한 봉지 살 수 있는 마음이라면 그는 진실한 가장일 것이다.

'고개 숙인 남자'라는 말과 '명예퇴직', '조기퇴직'이라는 단어가 눈앞에 차례로 스쳐갔다. 그의 직장이라고 피해가지 않았을 것 같은 감원의 회오리바람이 피곤해 보이는 그의 얼굴 위로 겹쳐지며 그가 꼭 오랫동안 함께 지내온 동료처럼 새삼 안쓰러웠다.

오늘 하루 그는 얼마나 자신과 힘겨운 싸움을 하였을 것인가? 소위 '낀세대'라고 하는 그들. 오늘도 그는 밑에서 치고 올라오는 '신세대' 젊은 후배들에게 밀릴세라, 위에서 찍어누르는 '쉰세대' 상사의 눈치보랴 불쑥불쑥 치받치는 스트레스를 어깨에 얹힌 식구들의 무게로 지우며 노심초사했을지도…. 감원의 된서리를 맞은 동료의 몫까지 대신한 업무에 토요일도 없이 근무하다 이제 겨우 녹초가 되어 집으로 돌아가며 잠시 기대어 쉴 수 있는 어깨가 필요했을 것이다.

가끔 한 남자친구의 뒷모습에 묻은 쓸쓸함을 훔쳐 볼 때가 있다. 쓸쓸하다는 느낌은 순전히 내 착각일 수 있지만 나는 그림을 그리거나 조각을 하고 있던 예전의 모습이 간데없는 그가 낯설다. 흐르는 시간과 더불어 모든 것이 변할 터인데 내가 미망에 사로잡혀 있는 것일지도 모른다.

한때 그 친구와 나는 서로 비슷한 색깔의 병을 앓았다. 동병상련(同病相憐)의 심정으로 누구보다 그를 이해할 것 같기도 했다. 그리고는 탁월한 그의 예술적 재능을 인정하며 내가 이룰 수 없는 몫까지를 포함해 그 분야의 대가(大家)가 되리라는 것을 믿어 의심치 않았다.

그랬던 그가 어느 날부터 모든 것을 접고 아주 현실적으로 살아가고 있다. 딸린 식구들을 의식하며 적당히 세속적으로, 아니 도리어 아직도 끙끙 열병을 앓고 있는 내게 돈 안되는 일만 궁리한다고 핀잔을 줄 정도로 변했다.

무엇이 그토록 그를 변하게 했을까? 그는 정말 자신의 모습에 만족하고 있을까?

그랬으면 좋겠다. 현숙한 아내와 알토란같은 자식을 생각하면 접어버린 꿈쯤은 아무렇지 않게, 작은 행복으로 만족할 수도 있을 것이다. 그런데도 나는 그가 내뱉는 말 속에 배어 있는 공허감과 언뜻언뜻 스치는 그림자가 엿보일 때 마음이 아프다.

세상에는 자신의 꿈을 접고 사는 사람들이 많다. 접은 꿈보다 더 큰 생활의 무게에 눌려 가끔은 남의 어깨에라도 잠시 기대어 쉬고 싶을 때가 누구에겐들 없으랴.

나 또한 누군가의 어깨가 필요했던 적이 한두 번이던가. 밀려오는 피로에 깜박 졸며 기댄 그 어깨가 어디 내 것이던가.

혼자서는 감당하기 힘든 일에 부딪혀, 그래서 의욕까지도 사그리 달아나버려 서 있기조차 힘들 때 나를 받쳐주던 어깨가 있었다. 감싸 안아 주지 않아도 다독거려 주지 않아도 좋았다. 아주 잠시 기댈 수 있는 것만으로 나는 큰 위안과 힘을 얻으며 지금 여기까지 와 있다.

그러니 연약한 내 어깨에서 누군가 쉼을 얻을 수 있다면 그리 불쾌할 일도 아니리라.

잠시나마 옆자리의 남자를 치한으로 의심했던 것이 미안해서 나는 슬며시 그의 잠이 깨지 않게 내 어깨에 힘을 주었다.

'어깨 좀 빌려드릴까요?' (1998)

어머니와 여자

양곡 소세양 선생 문학비 건립식에 참석 차 전주에 갔더니 그곳에 계시는 목선생님과 하선생님이 마중을 나오셨다.

일정을 마치고 다른 일행들은 서울로 향하는데 우리는 죽림온천을 향해 달렸다. 덕진공원에 연꽃이 피었다는데 연꽃보다는 온천물에 도심에서 찌든 분진을 씻고 싶었다.

서울서부터 같이 간 홍선생이 대중탕 앞에서 망설였다. 자신은 혼자 바깥에서 기다리겠다는 것이다. 아마도 목욕을 마치고 벌건 얼굴로 원로선생님들과 마주칠 일이 걱정되었던 모양이다. 기왕에 예까지 왔는데 그냥 갈 수 있냐며 끌다시피 하여 안으로 들어갔다.

김이 잔뜩 서린 온천탕은 꽤 넓었다. 홍선생은 그 넓은 곳 어디로 금세 숨어버려 아무리 찾아도 보이질 않았다.

나는 목선생님과 함께 자리를 잡고 앉았다. 연배로 치면 어머니뻘이 되니 내가 선생님의 등을 먼저 밀어드려야 하건만 선생님의 성화에 나는 말 잘 듣는 어린아이처럼 내 몸을 온전히 선생님께 맡기고 있었다. 부드럽고 정결하게 등을 미는 손길이 한없이 자애로웠다. 팽팽하게 긴장되어 있던 온몸의 신경이 느슨해지며 마음이 안온해졌다.

"어디 아픈 데는 없는거지?"

살집이라고는 전혀 없는 내 빈약한 등을 밀며 걱정스레 묻는 선생님의 물기에 젖은 목소리가 내 목울대를 아프게 했다. 혹여 나 때문에 내 나이 또래에 하늘나라로 보낸 따님 생각을 하신 게 아닌가 싶어 송구스러웠다.

선생님의 수필집 교정을 보면서 나는 몇 번이나 눈시울을 붉혔다. 위암과 투병하느라 여윌 대로 여윈 딸의 등을 밀며 피눈물을 쏟는 선생님의 모습에서 나는 내 어머니를 떠올리며 울었다. 생때같은 자식을 가슴에 묻는 어머니의 심정, 바로 눈앞에서 사그라지는 자신의 분신을 지켜보아야 하는 모정, 선생님의 처절한 그 모습에서 나는 왜 나를 버리고 떠났다고 생각했던 어머니를 떠올렸던 것일까?

지난 일요일에 아주 오랜만에 우리 집에 다니러 오신

어머니와 함께 목욕탕에 갔다. 등을 밀어주는 어머니의 손길이 살뜰했다. 때를 밀고 비누칠까지 구석구석 정성을 들이는 모습이 돌아앉아서도 훤히 보였고, 어머니의 앙상한 손이 내게 많은 이야기를 하고 있었다. 입으로 하는 말보다 더 촉촉이 내 가슴으로 파고드는 이야기였다. 그 말없는 이야기에 콧등이 찡하더니 눈물이 흘러내려 나는 어머니가 눈치 채지 못하게 멀쩡한 비누타령을 하며 세수를 했다.

어머니는 내게, 아니 우리 3남매의 눈을 언제나 바로 보지 못하는 죄인이었다. 어린 자식들을 거두지 못한 죄책감 때문에 평생 몸 둘 바를 몰라 하는 어머니에게 나는 언제나 당당하고 잘난 딸이었다. 어찌 그리 모질게도 할 말이 많았는지….

세월이 흘러 나도 자식을 낳아 키웠고, 순탄치 못한 여자의 길을 걷는 동안에도 어머니가 한 사람의 여자일 수 있음을 인정하지 않았다. 세상의 다른 여자들에게는 희망 없는 기대에 시간 죽이지 말고 자기 인생을 찾아야 된다고 목소리의 톤을 높였으면서 내 어머니에게는 한 치의 빈틈도 용납할 수 없었다.

내 앞에 여자와 엄마의 길이 선택적으로 주어졌을 때도

나는 어머니에게 보란 듯이 내 아이들을 끌어안고 둥지를 틀었다. 그랬다, 보란 듯이…. 나는 어머니보다 잘났으니까.

어머니가 개가했던 바로 그 나이에, 나는 한 달이 넘게 40도를 넘나드는 원인 모를 고열에 시달리다 응급실에 실려갔다. 꼭 죽을 것만 같았고 마지막이라고 생각되는 순간에 어머니가 몹시 보고 싶었다.

"아이고, 이게 우짠 일이고?"

응급실로 달려와 넋 나간 사람처럼 중얼대는 어머니를 보자 나는 그만 어린아이마냥 엉엉 소리 내어 울었다. 그것은 지금까지 용서하지 못한 어머니에 대한 애증을 씻어 내는 눈물이었다. 그리고는 내가 그동안 얼마나 내 아집 속에 웅크리고 있었는가를, 이 세상에 어머니가 살아계시는 자체만으로도 얼마나 감사해야 될 일인가를 비로소 깨달았다.

목선생님께 등을 맡기고 앉아 나는 또다시 어머니를 떠올렸다. 내 어머니를 포함한 세상의 모든 어머니의 마음이 곧 목선생님의 이런 자애롭고 정성스런 손길 같은 것이라는 생각에 새삼 목이 메었다. (2000)

자라지 않는 아이들

밤새 들길을 바삐 걸었다. 끊임없이 발길을 재촉했지만 갈 길이 좁혀지지 않아 조급했다. 걸어도 걸어도 길은 멀었다. 등에 업은 아이의 무게가 어깨를 짓누르고 걸린 아이의 잡은 손을 놓칠까 봐 조바심이 쳐졌다. 온몸에 땀이 배었다. 애를 쓰다 깨어 보면 꿈이었다.

이루지 못한 꿈이 많은 탓일까? 나는 거의 하루도 거르지 않고 꿈을 꾼다. 대부분의 경우 토막꿈을 꾸지만 어떤 날은 선명하게 이야기가 전개되어 꿈을 깨고 나서도 현실감을 찾으려면 시간이 걸린다.

예민한 신경 때문일 것이다. 쉽게 잠들지 못하고 그나마 살풋 잠이 들면 금세 파노라마처럼 꿈이 펼쳐지는 것은. 그중 가장 빈번한 장면이 업고 걸린 두 아이와 허둥대는 내 모습이다.

딸과 아들이 다 장성했건만 꿈속에서는 아직도 자라지 않은 어린아이라는데 내 고민이 있다. 처음 내가 이 꿈을 꾸기 시작한 것은 정말 아이들이 어렸을 때였다. 그 이후 줄기차게 같은 꿈을 꾸지만 꿈속의 내 아이들은 성장을 멈춘 채 나를 안타깝게 한다.

한동안 나는 꿈에 아이들이 보이면 근심이라는 어른들의 해몽을 그대로 받아들였다. 먹는 꿈을 꾸면 감기에 걸리고, 새옷을 이것저것 갈아입으면 좋지 못한 일이 생기고, 명산고적을 유람하면 오랫동안 만나지 못했던 친구를 만난다는 등…. 그런데 요즘 들어 그 꿈이 근심이 아님을 알았다. 여전히 꿈에 아이들을 업고 다녀도 그때마다 별다른 근심거리가 생기지 않았기 때문이다.

강박관념일까? 다 자란 내 자식들이 아무리 꿈이라지만 그렇게 변함없이 어린아이일 수 있는가. 그건 아마도 내 의식 속에 잠재되어 있는 마음의 그림자인 것 같았다.

어제는 아이 둘을 한꺼번에 업으려고 밤새 애를 쓰다 날을 밝혔다.

프로이트는 꿈이란 무의식 속에 잠재된 의식의 반영이라고 했다. 그렇다면 내 의식 깊은 곳에 있는 무엇이 나로 하여금 자꾸 꿈속을 헤매게 하는 것일까? 나는 무엇 때문에 자라지 않는 아이를 업고 노심초사하는 것인가.

한때 아이를 업고 걸리고 전전긍긍하던 시절이 있긴 있었다. 그러나 그건 벌써 옛날이야기처럼 아득하여 지금은 아픔조차 무디어진 상태다. 늦게 돌아오는 나를 대신해 밥을 짓던 일곱 살짜리 딸아이가 석유곤로 앞에서 성냥불을 켜지 못해 울고 있던, 그래서 한동안 나를 많이 서럽게 했던 기억도 언젠가부터는 엷게 채색된 동화처럼 아련한 영상으로만 떠오를 뿐이다. 그런데 왜 꿈속의 아이는 그 일곱 살에서 더 이상 나이를 먹지 않는 것일까?

우리 집 거실에는 어느 화가 지망생의 그림이 한 점 있다. 고학을 한다는 젊은이가 안 돼 보여서이기도 했지만 그것보다는 그림 속에 담긴 모습 때문에 나는 흔쾌히 그 그림을 넘겨받았다.

아이를 업은 여인이 턱을 괴고 과일자루 옆에 앉아 있고 계집아이가 자루 뒤에서 고개를 비죽이 내밀고 있는, 조금은 청승맞은 광경인데 꼭 예전의 우리 모습 같아 정이 갔던 것이다. 아니나 다를까 그림을 받아든 딸이 계집아이를 가리켰다.

“엄마, 얘 꼭 나 같아요.”

딸의 말에 마주보고 웃을 만큼 우린 고통스럽던 과거에서 이만큼 비켜 서 있다고 생각했다. 그런데 실은 그렇지 않았던 것 같다. 우리는 그 상황에서 벗어났는데 내 무의식은 아직 그곳에서 벗어나지 못하고 있으니 말이다. 어쩌면 그 그림에 끌린 것도 무의식 속에 잠재된 의식의 반영이 아니었나 싶다.

자신의 삶 중에서 제일 지독했던 고통이나 절실했던 상황 따위는 어디만큼 숨어 있다가 긴장이 풀어질 때마다 꿈이란 방식을 빌어 솟구쳐 오르는 것 같다. 그렇다면 나는 자라지 않는 아이들의 꿈을 앞으로도 계속, 긴 세월 동안 꾸게 될 것이다. 더 이상 내 무의식 속에 새롭게 각인될 고통은 없을 테니까.

(2001)

폴라리스

창문을 여니 밤새 내린 폭설로 세상이 온통 하얗다. 해발 6백여 미터가 넘는 고지에서 염소를 키우며 사는 문학회원 이선생을 만나러 가기로 한 날이다. 폭설로 길이 끊기지 않았을까 걱정을 하면서도 우린 예정대로 청량리역에서 열차를 탔다.

열차가 양수리를 지나면서부터 서로 말을 잊은 채 설경 속으로 빠져들었다. 햇살 속에 눈부신 백색의 천지, 나는 영화 「닥터 지바고」를 떠올렸다.

눈꽃처럼 아기자기한 우리의 산야에 익숙한 내게 스크린 가득찬 설경, 광활한 대지에 뒤덮였던 끝없는 하얀색에 압도되어 잠시 숨을 멈추었던 그날 이후 나는 눈만 보면 그 장면이 습관처럼 떠오른다. 백설이 애애한 유리아

틴의 외딴 저택에서 광적인 열정으로 원고지를 메우는 지바고. 사랑하지 않을 수 없는 여인 라라, 그리고 이리떼들의 울음소리도 함께.

한 길도 넘는 눈 속을 헤치며 힘겹게 달리다 멈춰 선 기차와 온통 흰 도화지에 한 점 까만 점으로 보이던 사람들을 회상하다 보니 열차는 오르락내리락 하며 강원도 산골길로 접어들고 있었다.

태백을 지나 도계역에 내리니 이선생이 마중 나와 있었다. 강원도 오지마을에는 해도 일찍 숨어버리는가. 저물녘인가 싶었는데 어느새 마을로 내려앉은 어둠이 우리를 온전히 자신의 품에 감싸 안았다.

일행들을 자신의 승용차에 태워 얼마쯤 달리던 이선생이 차를 바꿔 타라고 한다. '차를 바꿔 타야 한다니?' 어리둥절 하는 우리 앞에 화물차 한 대가 꽁무니를 들이댄다. 그의 집이 있는 곳까지는 언덕이 가팔라서 승용차 대신 이 화물차가 우리의 말(馬) 노릇을 할 예정인가 보았다. 일행 중 연만하신 두 분을 앞자리에 모시고 남은 세 사람은 꼼짝없는 짐짝 신세다.

짐칸에 거꾸로 앉고 보니 달마저 자취를 감춘 그믐칠야, 눈은 감아도 떠도 마찬가지이고 덜컹거리는 차에서 밖으로 튕겨 나가지 않으려면 옆 사람의 손을 꼭 쥘 수밖에 없다. 이때만큼 한 배를, 아니 한 차를 탄 동지라는 유대감이 절실한 때가 없는 듯했다.

가파른 산길을 오르던 차가 몸을 푸르르 떨듯 눈길에 미끄러지며 헛바퀴질을 할 때마다 옆 낭떠러지로 금방 곤두박질 칠 것 같아 또 다른 공포가 엄습했다. 추운 날씨에도 불구하고 서로 맞잡은 손에 진땀이 배는 걸 보면 나만 느끼는 공포가 아닌 듯한데, 바로 그때 누가 먼저랄 것도 없이 동시에 소리를 질렀다.

"야! 별이다, 별."

"우우우…."

별을 보는 순간 억눌렸던 내 안에서 그 무엇이 분출구를 찾은 듯 솟구쳤다. 그것은 가장 원시적인 소리가 되어 튀어나왔다.

우우우우우…

별빛은 나뿐만 아니라 우리 모두를 공포감에서 해방시켜 주었다. 극심하던 공포가 희열로 바뀌며 모두의 입에서 일시에 단순음이 쏟아졌던 것이다. 이럴 때 우리가 사용하는 말이 얼마나 초라하고 빈곤한지 실감하면서….

별이 꽃처럼 피어나고 있었다. 은하수는 안개꽃밭으로

떠오르고 여기저기 흩어진 크고 작은 꽃송이들은 도드라지게 피어 금방 머리 위로 쏟아질 듯하였다. 그중에서도 항상 변함없는 자리에서 빛을 발하는 작은곰자리의 으뜸별인 폴라리스가 바로 머리 위에 있었다.

폴라리스. 그가 그 자리에 있으므로 우리는 가끔 길을 잃고도 안도를 하는 것이 아니던가.

바지랑대로 하늘을 휘젓던 때가 있었다. 아주 어린 내 모습이다. 밤하늘에 보석처럼 떠 있는 별을 갖고 싶던 어느 날 나는 바지랑대를 가지고 장독대에 올라서는데 성공했다. 그러나 내가 가진 바지랑대는 턱없이 짧았고 별은 너무 멀리 있었다.

별 따기를 포기한 후 나는 내 가슴에 희망이란 이름으로 뜨는 또 다른 별을 따기 위해 보이지 않는 바지랑대를 휘저으며 살아왔다. 더러는 내가 생각했던 별이 터무니없는 욕심인 걸 알고 좌절하기도, 용케 생각지 않은 별을 따 행복하기도 했다. 그러는 동안 순수와는 멀어졌다는 편이 옳을 것이다.

이선생의 집은 산중턱에 자연의 일부처럼 붙박여 있었다. 그도 아마 자신의 폴라리스를 찾아 이곳에 둥지를 틀었으리라.

별은 누워서 봐야 제 맛이라고 했던가? 눈밭에 드러누우니 밤이 깊어질수록 더 가까이 내려온 별이 나목의 빈 가지에 조롱조롱 매달려 있었다. 오늘 같은 밤이면 바지랑대로 별을 따려던 어렸을 때의 욕심을 한 번 더 부려봄직한데 나는 그날의 순수에서 너무 멀리와 있다.

묵묵히 암흑 속에 돋은 별을 바라보던 긴 침묵을 깨고 박선생이 즉흥 오페라를 시작했다. 열정적인 몸짓으로 춤을 추며 노래를 불렀다. 그의 돌발적인 행동에 감전된 듯 또 다른 박선생이 특유의 아름다운 목소리로 화답을 하니 환상의 하모니를 이룬다. 바람 부는 언덕의 눈밭 노천무대에서 「나비부인」의 주인공이 되어 세상에서 가장 적은 관객을 위해 두 사람은 신들린 듯 열연을 하였다.

허공을 향해 두 팔을 벌리고 밤하늘을 품으로 끌어당기며 격정적인 몸짓으로, 폐 깊숙이에서 끌어올린 숨을 모았다 한꺼번에 토하며 절규를 하듯 노래를 하는 박선생의 광기에 전율이 일었다. 저 아랫동네에서 개 짖는 소리가 배음처럼 들렸다.

그토록 자신을 내던지며 춤추고 노래 부르는 박선생의 상실의 아픔을 알기에 나는 가슴이 내려앉았다. 유성이 된 아내와의 이별, 이렇게 별꽃 쏟아지는 밤이면 그리움이 별로 떠서 더욱 애절한 마음일 것이다. 그러나 저렇듯 온몸으로 슬픔을 털어내듯 의식을 치른 후엔 그도 자신이 가야할 길의 방향을 위해 폴라리스를 바라볼 수 있을 것이라 여겨져 조금 마음이 놓였다. 길 잃고 방황하는 사람을 위해 폴라리스는 항상 그 자리에 있을 것이므로….

(2000)

목어는 어디에 있는가

둥둥둥 법고가 울었다. 담홍빛 노을 속에 잠시 잠겼다가 되살아난 북소리가 곡선의 탑사를 한바퀴 돌아 수마이산 잔등을 타고 위로 위로 올라갔다.

그날 내가 은수사에 도착했을 때는 마침 저녁 예불시간이라 두 스님이 법고를 치고 있었다. 세상사를 잊어버리고 무아경에 빠져든 두 스님. 북소리와 스님들의 동작은 일치감을 이뤄 숨 막히는 긴장감이 돌았다. 마주 보고 선 스님의 손이 차례로 허공을 가르며 선을 그리고 내려와 힘차게 북을 두드렸다. 다다다다닥, 호흡이 조금만 고르지 못해도 어긋날 것 같은 팽팽한 긴장감….

두두 둥둥둥, 법고는 가죽 가진 모든 짐승을 위로하기 위해 온몸으로 서럽디서럽게 운다고 했다.

나는 음양오행의 순환을 나타낸 정명암에서 유래했다는 태극전을 살짝 엿보고 아직도 북소리의 여운이 남은 듯한 탑사를 한 바퀴 돌았다.

이갑용 처사가 쌓았다는 탑의 선이 참으로 고왔다. 천지탑을 비롯하여 크고 작은 80여기의 탑은 불가사의 그 자체였다. 점점 위로 올라갈수록 가녀려지다 작은 돌 하나로 마침표를 찍은 탑이 비바람에도 끄떡없이 1백여 년을 버텨왔다니 이게 어디 사람의 힘만이겠는가? 꼭대기에 기도 한 자락 올려놓으면 절로 하늘에 닿을 듯했다.

집으로 돌아오면서 나는 조금 전에 법고가 아닌 목어를 치는 스님의 모습을 본 듯한 착각에 빠졌다. 지금 나는 착각이라는 말을 썼지만 사실 내 의식의 어디쯤에서 솟구친 기억의 한 자락은 분명히 목어를 치는 스님을 보았던 것이다. 두 팔을 벌려도 맞닿지 않는 커다란 목어…. 머리가 조금 아픈 것 외에는 지극히 정상적인 상태를 비집고 들어온 혼란을 무엇으로 설명할 수 있을까?

목어(木魚).

옛날 어떤 스님이 스승의 가르침을 어기고 죽은 뒤에 물고기가 되었는데 그 등에서 나무가 자랐다고 한다. 어느 날 스승이 배를 타고 바다를 지나갈 때 나타나 죄를

참회하므로, 수륙재를 베풀어 물고기 몸을 벗게 하고 그 나무로써 물고기 모양을 만들어 달아놓아 수도하는 스님들을 경책하는 도구로 썼다는 목어. 일설에는 물고기는 밤낮 눈을 감지 않으므로 수행자로 하여금 늘 깨어서 꾸준히 수도 정진하라는 뜻으로 고기 모양을 만들었다고도 한다. 그런데 그 목어가, 그것도 한 아름이 넘는 큰 목어가 뜬금없이 어디서 나타났단 말인가.

그날 이후 내게 목어는 하나의 화두였다.

그렇게 은수사를 다녀온 지 꼭 1년이 지난 며칠 전, 문학기행 일정에 마이산이 있었다. 가슴이 철렁했다. 정말 그곳에 커다란 목어가 있는가 확인하고 싶었다.

그런데 서울을 떠날 때의 조급하던 마음과는 달리 나는 입구에서 걸음을 멈추었다. 목어의 실체를 확인을 할 것인가 말 것인가 한참을 갈등하다 끝내 산을 오르지 않았다. 만약, 그 실체를 확인하지 못하면 무너져 내리는 내 마음을 추스르지 못할까봐 용기가 나지 않았던 것이다.

산사를 향해 발길을 내딛는 일행들의 뒷모습에서 시선을 떼지 못하다가 말의 귀를 닮아 마이산(馬耳山)이 되었다는 돌올히 솟은 산을 올려다보았을 뿐이다. 단풍 든 산은 지금이라도 당장 넓은 광야로 달려나갈 듯한 자세의 알맞게 살찐 적토마였다.

얼마의 시간이 흘렀을까? 올라갔던 일행들이 내려오는 모습이 보였다. 그들을 보자 다시 마음이 조급해져 누구에게랄 것도 없이 가까이 온 사람에게 불쑥 말을 건넸다.

"저 혹시 은수사에 커다란 목어가 없던가요?"

"못 봤는데…."

목어는커녕 법고도 못 봤다는 그의 대답과 나의 어리석음에 나는 앙천대소 할 뻔했다.

어찌 눈에 보이는 것만을 진실이라 할 것인가. 그곳에 목어가 있건 없건 그게 무슨 상관인가 말이다. 이미 내 마음 속에 자리한 목어가 있지 않은가. 그것이 어떻게 하여 내 마음자리로 들어왔는지 모르지만 그로 인해 내가 작은 깨달음 하나 건질 수 있다면 그로써 족하지 않은가.

돌이켜 보니 목어는 그동안 나태해진 내게 항상 깨어있으라는 경고음이 아니었을까 싶다. 그제야 지난 1년이 뒤돌아봐졌다. 매너리즘에 빠져 한없이 침잠해가던 내 의식 속에 들어온 무의식의 자각. 그 경고음을 인식 못한 무딘 성정으로 지난 1년 몸과 마음을 무던히 앓았다.

밤새 미열에 시달리며 꿈을 꾸다 눈을 뜨면 온몸이 아팠다. 그런 날이 몇 날, 몇 달이 계속되자 내 몸 어딘가에 반갑지 않은 손님이 자신의 영역을 넓혀가는 것 같아 스산했다. 그래도 나는 스스로를 추스르기보다는 보이지 않는 적을 향해 두 손 들고 항복할 자세를 취한 양 무기력하게 시간을 보냈다.

아프다는 핑계로 단 한 편의 글도 쓰지 못하고 보낸 날들…. 그날들은 내게 있어 의식은 있으되 깨어있지 못한 상태였다.

지금은 내 안에 자리한 목어를 횃불 삼아 기지개를 켜야 할 때인 것 같다. 정신을 깨우는 소리가, 내 자아를 깨우는 소리가 이제야 들린다. 다다다다닥….

(2000)

탱자나무

화창한 휴일, 감기 기운을 핑계 삼아 집에 있자니 머리가 더 지끈거리는 것 같아 길을 나섰다. 어디로 갈까 잠시 망설이다 강화도로 방향을 잡았다. 강화도만큼 역사적 유적이 많은 곳도 드물 것이다.

갑곶돈대와 곳곳에 상처처럼 남아 있는 외세 침략의 흔적과 피신처를 전전했던 왕조들의 발자취를 한데 모아놓은 박물관을 한 바퀴 돌아 나오다 성긴 모습으로 잔설에 발 담그고 홀로 서 있는 가시나무 한 그루와 마주쳤다. 조금 전에 보았던 여러 장면들을 싹 지우며 오롯이 파고드는 나무, 추억 속 내 고향에 지천으로 널려 있던 탱자나무가 이곳에 세월의 풍상을 이고 서 있었다.

이 갑곶리 탱자나무는 천연기념물이었다. 따뜻한 남쪽

에서만 자라는 걸로 알려진 탱자나무가 강화도에 뿌리박음으로써 우리나라 서해안 북쪽 한계선이 이곳임을 입증해준다고 한다. 적군을 방어하기 위해 성벽 밑에 심었다는 안내문이 아니었더라도 나는 이 나무의 실용성을 익히 알고 있다.

가시를 키우면서도 절대 상대를 해코지 할 줄 모르고 오로지 남을 위해 주기만 하는 나무. 열매는 약재로, 묘목은 귤나무를 접붙일 때 바탕이 되는 대목(臺木)으로, 가시울타리는 또 얼마나 든든한 담장 노릇을 했던가.

따뜻한 반도 남쪽, 우리 동네에는 집집의 담장이 탱자나무였다. 가난했던 시절, 춘궁기를 지나는 5월이면 탱자나무는 잎보다 먼저 줄기 끝이나 가지 겨드랑이에 하얀 꽃을 희망처럼 피웠다.

봄날의 그 찬란한 햇살 아래 꽃이 지면 우리는 조바심치듯 날짜를 헤아리며 그 곁을 맴돌았다. 탱자나무는 그때부터 양식과 맞바꾸어질 열매를 키웠기 때문이다. 아직 덜 익은 새파란 열매를 잘라 햇볕에 말리면 기실(지실: 枳實)이, 노란 열매를 따서 말리면 지각(枳殼)이란 한약재가 되어 그 시절 우리의 빈궁을 메워 주었다.

사라진 담장과 함께 기억에서 잊혀져가던 탱자나무와의

해후, 가난했지만 따스했던 그때의 정경이 아스라이 떠올랐다.

한결 맑아진 머리로 집으로 돌아오며 생각했다. 나는 지금까지 탱자나무처럼 살아본 적이 있는가? 그렇다고 억지를 쓰기에는 조금 염치가 없다.

내 가시로 남을 찌른 적이 없는가? 더러는 가시보다 더 날카로운 혀로 독설을 일삼았고, 내가 키운 열매라고 내 아이들에 대해서도 또 얼마나 욕심을 부렸는가. 튼튼한 담장이 되기는커녕 은근히 자식들이 내 담장이 되기를 바란 적도 있다.

또한 사회에서는 대목역할을 했는가. 그것도 자신할 수 없으니 나는 덜 익은 탱자 정도의 인간인가 싶다. 위로 삼을 것이 있다면 덜 익어도 기실이란 약재가 되는 탱자처럼 나도 어딘가에 쓰임 받는 사람이었으면 한다.

탱자가 노랗게 익을 무렵 보다 성숙해진 나의 자화상을 만나러 다시 한 번 강화도에 가야겠다.

(2001)

바람을 깨우는 소리

간절함이 컸던 탓일까? 뎅강뎅강, 제 몸을 던져 맑고 투명한 소리를 내는 소의 목도래(워낭)가 운명처럼 내게로 왔다. 못다 이룬 사랑을 애달파하는가. 속절없이 시린 내 가슴으로 파고들며 울었다.

소가 움직일 때마다 따라 움직이며 소리를 내는 워낭은 보통 쇳소리를 꺼리는 야수들에게 경각심을 주기 위해 쇠로 만든 것이 대부분이다. 그런데 내게로 온 목도래는 나무로 되었다. 그래서인가, 손끝에서 전해지던 그 살아있음의 느낌은.

목덜미가 닿았던 활처럼 휜 나무는 반질반질 길이 들었고 줄을 꿰어 만든, 아래로 늘어지는 부분은 속을 파낸 원통을 가운데 두고 양 옆으로 방울이 두 개 중심을 잡고 있어 바람만 스쳐도 맑디맑은 소리를 내었다.

그것을 받아드는 순간 나는 어느 화가의 그림에서 본 힘이 솟구치던 황소를 떠올렸다. 새벽안개 푸른빛을 배경으로 땅을 힘차게 받치고 선 다리, 떡 벌어진 어깨, 거친 숨결 사이로 허연 김을 내뿜는 그 생동감…. 틀을 박차고 튀어나올 것 같은 황소의 힘찬 박동이 내게로 전해지는 듯 내 맥박이 요동쳤다. 이 목도래도 필경 잘생긴 황소의 목을 감싸고 있었을 것이다. 그리하여 그 소의 당당한 위용을 더욱 빛내 주었을 게다.

방울은 대개 의사를 전달할 때 쓰인다. 아주 옛날 중국에서는 씨 뿌리는 절기를 알릴 때 큰 방울을 흔들고 다녔다고 하며 산사에서는 공양시간이나 법요를 행할 때 쓰였다. 또한 추녀 끝에 달린 풍경은 얼마나 운치를 더해주며 청명한 소리를 내는가.

내게 있어 방울은 잠자고 있는 의식을 깨우는 소리인 것 같다. 간절히 소망하지만 현실에 묶여 눌러둘 수밖에 없는 열망을 걷잡을 수 없이 점화시키는 그 무엇….

어느 하루, 무엇에 홀린 듯 아슴푸레한 기억을 더듬어 황학동 벼룩시장을 찾아갔던 적이 있다. 그곳은 내가 소녀 적에 보았던 모습을 그대로 간직한 채 마치 암각화 속의 한 장면처럼 회색빛으로 정지된 느낌이었다.

시간이 멈춰 버린 듯한 곳을 나는 돌고 돌았다. 좁은 골목이 미로처럼 뒤엉켜 걷다보면 제자리에 와 있었다. 딱히 예정한 행보도 아니었으니 바쁠 것도 없는 걸음으로 한참을 헤매다 잠시 한숨 돌리는 사이 나 보란 듯이 도드라져 내 시선을 끄는 게 있었다. 다섯 개의 방울이 한 송이 꽃처럼 매달린 요령이었다.

어느 무녀의 손끝에서 신명나게 울렸을 방울이 세월을 머금고 얌전히 놓여있었다. 옆구리가 결려오는 듯한 느낌에 나는 그 자리에 멈춰 선 채 움직일 수가 없었다. 한창 전성기를 구가하던 옛날을 그리워하며 신기를 풀지 못해 몸살을 앓고 있는 방울이 내 몸 안에서 간신히 잠자고 있는 바람 닮은 열병을 깨우는 듯했다.

그러나 나는 그 요령을 사들고 오지 못했다. 그것을 가지고 싶은 욕망은 컸지만 그에 비례해 왠지 두려움도 컸다. 아마 그 요령을 흔들었을 어느 무녀를 상상하고 진저리를 쳤던 것 같다. 아니면 요령을 손에 드는 순간 내가 무녀처럼 신기를 발산하는 상상에 진저리쳤을지도….

울긋불긋한 옷을 차려입은 무녀의 굿은 언제나 신명이 넘쳤다. 덩덩 덩더쿵, 북소리에 심장이 뜀을 뛰고는 하였다. 무녀는 하늘로 솟을 듯 춤을 추었고 박수의 장단은 밤새 그칠 줄 몰랐다.

조심스레 흔들리던 대끝이 파르르 떨릴 때면 그 끝이 나를 향해 뻗칠 것 같아 오금이 저렸다. 멀쩡하던 옆집 아주머니가 무녀의 신대를 넘겨받으면 갑자기 형형한 눈빛이 되어 그 집의 몇 대조 조상으로 강신해 사설을 늘어놓곤 하였던 것이다.

어쩌면 나는 무녀의 무병과 내 열병이 흡사함에 강한 충격을 받았는지 모른다. 그리고는 그날 이후 무병을 풀어내지 못하여 시들시들 시들어가는 여인의 환영을 지우듯 미친 듯이 내가 열망하던 글쓰기를 시작했던 것이다.

지금 나는 잘생긴 황소의 늠름한 기상을 고스란히 담아 내게로 온 목도래의 맑고 투명한 소리를 들으며 또 한 번의 반란을 꿈꾸고 있는 중이다.

(2005)

그 산의 바다

비알에 널브러져 있는 도화 꽃빛이 좋아서 눈길을 팔다 '만어사'라는 이정표를 보았을 때 내 생각은 만 갈래로 흩어져 나갔다. 절이름의 단순한 느낌보다는 '만어'라는 어감이 주는 상상이 만 갈래를 쳤기 때문이다.

촌로에게 길을 묻자 '만어사(萬魚寺)', 곧 그곳에는 1만 마리의 물고기가 산다고 했다. 누천년을 이어온 산고의 애달픔이 새까맣게 몸을 태워 이젠 푸른 몸뚱이로 유영(遊泳)한다니…. 언덕보다 높은 곳에서 손만 대면 와르르 쏟아지는 물고기떼, 긴 세월 그치지 않고 아직도 계속 산통(産痛)을 하고 있다는 그곳으로 길을 돌렸다.

가도 가도 길은 끝이 없는 듯하다. 좁고 비탈진 산길은 위태위태하여 불안하기 짝이 없다. 잘못 든 길인 양하여 돌아서려고 해도 낭떠러지 외길이라 그마저 쉽지 않다. 어쩔 수 없는 심정으로 식은땀에 흠뻑 젖을 즈음 '감물리', '만어사'란 목침만한 팻말이 갈래길에 서 있다. 감물리라, 그래 다른 호기심이 발동하지만 어느 하나를 포기해야 할 경우가 있음을 나는 안다. 왼쪽 만어사 길로 들어선다.

옛날 옛적에, 동해 용왕의 아들이 자신의 수명이 다한 것을 알고 낙동강 건너 무척산의 스님을 찾아가 새로 살 곳을 부탁했다. 스님이 일러준 대로 길을 떠나는 그의 뒤를 숱한 고기떼가 따랐다. 이곳에 당도한 그는 미륵돌로 변하고 고기들도 크고 작은 돌이 되어 그 자리에 만어사가 생긴 까닭이 되었단다.

산모롱이를 도는 순간 저만큼 너덜겅이 마중 나와 섰다. 계곡을 그득히 메운 검은 고기들과 맞닥뜨리자 내 심장이 먼저 징소리를 낸다. 바위라 한들 누천년 비바람에 빛이라도 바랬으련만, 허나 태초의 기상 그대인 듯하다. 검디검은 청석(青石)이 한꺼번에 와그르르 내 귓전으로 쏟아진다.

물이 그리운 고기들인지라 밤이면 몰래 몰래 건너편 계곡으로 뛰어넘은 성싶다. 아래 골짝의 무리들도 어젯밤에 가로지른 길을 건넜음이 분명하다. 그 길을 거슬러 나는 오른다.

만어사는 규모가 작은 절이었다. 절간 마당으로 드니 옛 모습은 간곳없고 후세 사람들이 지은 대웅전, 미륵전이 아담하다. 물을 떠나 이곳에 오른 고기들의 역사를 지켜본 그때의 하늘 대신 고려시대의 3층석탑만이 호젓하게 서 있다.

시누대 병풍숲을 둥지 삼아 쏟아지는 돌무더기가 흡사 몸을 푸는 모습만 같다. 마치 어미망상어의 배 속에서 깨어나는 새끼처럼 바위들이 쏟아지고 있다. 그렇게 낳은 물고기들이 골짝을 그득 채우고 있다.

옛사람들이 보던 그 바다를 오늘은 내가 보고 있다. 천만 년, 이 돌의 고기떼로 하여 한 순간도 출렁임을 멈춘 적이 없는 세상, 무상(無常)으로서의 영원한 자연이다. 산과 바다, 혹은 땅과 물 사이에 있는 그래서 그 자연이 빚어내는 절정의 언어가 빛난다. 그렇다. 이곳은 무상으로서의 영원한 바다, 그 바다에서 치솟은 산이다.

만어석(萬魚石)들이 펄떡펄떡 몸을 일으켜서 아래로 아래로 향한다. 그들은 어디로 가는 길인가. 멀리 낙강의 한 모퉁이를 채우려는 강한 몸부림인가. 아니면 자신들의 본향인 동해를 향한 오롯한 동작인지도 모른다. 수도자의 길이 이만이나 할까. 천만년의 걸음을 가지고도 닿을 수 없는 이상(理想)의 길을 재촉하고 있다.

그 힘은 어디로부터 오는 것인가. 그것은 이제껏 미륵전 옆에서 쉼없이 치솟아 저들을 살려온 생명수가 아닐까 한다. 원래 너덜지대에는 물이 고일 수가 없는데 마르지 않고 흐르는 정신수(精神水)는 동해의 밀물과 썰물에 따라 높낮이가 달라진다니, 여태도 그들은 어미의 양수에서 헤엄치고 있는 것이다. 그래서인지 이곳에 서서 나는 풍경소리보다 밀물과 썰물이 들고나는 바닷소리를 듣는다.

두드릴 때마다 맑은 금옥소리가 난다는 종석(鐘石) 사이를 걸어본다. 장대비 쏟아지는 날 산정에 올라서면 돌너덜이 서로 몸을 부딪쳐 꽹과리소리를 낸다고 한다.

언제 다시 어산(魚山)에 용과 고기들의 북받치는 소리, 그 꽹과리 소리를 나도 들으러 와야겠다. 내 그때 좋은 돋보기 들고 믿어지지 않는 옛이야기를 살피리라. 누천년의 소리에 귀 기울여 하늘의 뜻까지 살피리라.

또 다른 만년의 세월이 흘러도 그 산의 바다는 그 넓이와 깊이 그대로 살아있을 것 같다.

(2006)

뻐꾹새 울다

뻐꾹새가 한나절을 피를 토하듯 운다. 뻐꾹 뻑뻐국 뻐꾹, 그 소리가 온 산을 채우고도 남아 메아리를 만든다.

'이리 오너라, 네 어미가 여기 있다.'

간절함이 뼈에 사무친다. 어쩔 수 없이 남의 손에 키운 자식이지만 어미 품으로 찾아오라고 애달피 운다.

요사이 나는 주말이면 남의 땅 한 귀퉁이에 씨를 묻고 풀을 매는 재미를 붙였다. 기승을 떨치는 잡초와 실랑이를 하다보면 세상사 복잡한 일이 모두 부질없다 여겨진다. 더우면 한줄기 바람이 지나가고, 심심하다 싶으면 새들이 제각각의 노래로 귀를 즐겁게 한다.

오늘도 밭고랑에 앉아 마음밭에 무성히 돋은 잡초를 뽑듯 김을 매는데 뻐꾸기소리가 가슴을 쳤다. 심상치 않은 울음이었다.

어렸을 적 이모와 뙈기밭에 콩잎을 따러 갈 때면 들리던 뻐꾸기소리도 왠지 모르게 어린 가슴을 울렸지만 오늘은 더 유난스럽다. 아닐 것이다. 이제야 그 울음이 새끼를 부르는 애끓는 어미의 언어임을 눈치 챈 내 심장이 먼저 알아들은 것 같다.

몇 해 전 텔레비전에서 뻐꾸기가 붉은머리오목눈이의 둥지에 알을 낳는 장면을 방영하였다. 알에서 갓 깬 뻐꾸기새끼도 본능적인 몸짓으로 아직 부화되지 못한 진짜 주인의 알을 밖으로 밀쳐내는 것이었다. 그 이후 뻐꾸기는 나쁜 새라고 낙인이 찍혀버렸다.

하지만 자연의 이치를 인간의 눈으로 평가할 수는 없는 노릇이다. 몸이 길고 다리가 짧은 뻐꾸기는 구조적으로 알을 품을 수 없단다. 부리조차 남달라 둥우리를 틀지도 못한다니 자신의 알을 남의 손에 맡길 수밖에 없는 숙명이다. 그러니 어찌 그를 탓할 수 있을 것인가.

나는 한때 자기 자식을 거두지 못하는 어미를 나무랐다. 상황이 어떻든 제 속으로 낳은 아이를 스스로 책임져야 할 것이 아니냐고 핏대를 세웠다. 어쩔 수 없이 떼어놓고 피눈물로 지새우는 그 심정을 헤아리려 하지 않았다. 누군들 자식을 제 손으로 키우고 싶지 않은 이가 있으랴. 나의 잣대로 남의 인생을 잴 일이 아님을 그때는 미처 깨닫지 못한 탓이다.

알고 보면 뻐꾹새는 자연의 순환에 꼭 필요한 일을 한다. 번식력이 강한 새의 둥지에만 알을 맡김으로써 일방적으로 한 종류가 불어나는 것을 조절한단다. 그러니 조물주의 깊은 뜻을 인간의 관점으로 판단해 미워하고 분개할 일이 아닌 것이다. 도리어 새끼가 어미를 찾아오지 못할까봐 노심초사 피를 토하듯 울어대는 그 조바심에 동정을 해야 좋으리.

출생한 지 사흘 만에 부모에게 버림받은 한 목숨이 청년으로 성장하였다. 그의 이름은 드니 성호. 첫돌도 안 되어 '좋아하는 것은 우유, 신체적 특징은 없다'는 문서 한 장으로 벨기에의 가정에 입양된 그가 서른한 살 늠름한 장부의 모습으로 조국을 찾아 왔다. 자신을 버린 어머니에 대한 분노로 한때 방황하기도 했다는 그, 하지만 이제는 유럽 음악계의 떠오르는 별이 되어 재외동포재단의 초청을 받아 당당히 기타를 메고 온 것이다. 그리고는 자신의 생모를 찾고 있다.

"엄마, 제 노래가 들리세요?"

뿌리치려고 해도 뿌리칠 수 없는 핏줄의 당김에 끌려 북극의 동토를 건너온 그, 양부모의 사랑만으로는 채워지지 않는 허기를 채우기 위해 모국을 찾은 그, 자신을 버린 제 나라를 찾아온 그도 혹시 뻐꾹새 울음소리를 들었던 게 아닐까.

뻐꾸기어미를 찾아 태평양을 건너온 또 한 사람이 있다. 엊그제 아메리칸발레시어터의 단원으로 한국을 찾은 어여쁜 처녀의 한마디가 많은 이들의 가슴을 뭉클하게 했다.

"엄마, 어디 계세요… 저랑 닮았나요?"

피를 속일 수 없듯 돌솥비빔밥과 김치를 좋아한다는 그녀도 외국인 가정에 입양되어 자랐다. 좌절했을 때 용기를 불어넣어준 양부모에게 감사하는 그녀지만 생모에 대한 간절함은 외면할 수 없는 사실이다.

숨기고 싶은 자신의 과거가 알려질까, 죄책감 등 이런 저런 이유로 울음을 멈추어버린 뻐꾸기어미. 자신의 의지와는 상관없이 운명적으로 남의 둥지에서 자란 새끼들은 입을 모아 그 어미를 향해 나직하게 속삭인다.

"엄마! 보고 싶어요." (2008)

2.

비파를 그리며

꿈꾸는 신발

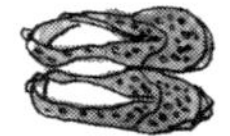

삼청공원 올라가는 좁은 길목에 상점이 하나 있다. 그곳에는 누군가의 발길을 기다리는지 유별나게 눈길을 끄는 구두가 매번 진열되어 있다. 다른 구둣가게의 진열창과 다른 점은 원색의 색깔에 감히 아무나 소화하기 힘든 디자인의 구두가 서너 켤레 도드라진 포즈로 나부죽이 앉아있다. 그 품새가 평범한 사람은 주인으로 모시길 거부하며 독특한 취향의 임자를 기다리고 있는 듯하다.

처음 몇 번은 도대체 저렇게 이상한 구두를 누가 신을까? 하며 지나쳤는데 어느 날부터 그 원색의 구두가 내 상상에 날개를 달아주는 것을 깨닫게 되었다.

신발은 어느 한 사람의 선택을 받는 순간 그의 분신이 되어 함께 길을 간다. 새 신은 발에 익숙해질 때까지 시간을 필요로 하지만 얼마 동안 길들이기를 끝낸 신발은 그 사람의 일부분인 듯 주인의 성격이나 걸음걸이를 닮아 가며 단련을 받을 터이다. 또한 신발은 미래를 제시하기도, 어떤 일을 시작하기 위해서 각오를 다지는 뜻으로도 '신들메를 고쳐 맨다'고 하듯 단지 상징성만 나타내기도 한다.

신은 원래 발을 보호하기 위하여 착용하기 시작했다. 예로부터 서민들의 짚신, 사대부의 비단신, 흙땅에서 신을 수 있는 나막신, 갖바치들의 정성이 밴 가죽신, 발목까지 감싸는 장화 등 종류도 다양하게 발달해 왔다. 고분벽화에까지 나타나는 신은 그 사람의 신분을 나타내기도 하였다. 백제 무녕왕릉(武寧王陵)에서 출토된 금동신발〔金銅飾履〕은 주인의 영화와 화려함의 극치를 보여준다.

그리스신화에 나오는 영웅 테세우스는 이웃나라 트로이젠 공주의 몸에서 태어났다. 그는 신표인 가죽신과 칼을 가지고 자신의 아버지인 아테나이의 아이게우스 왕을 만나러 간다. 그에게 신발은 자신이 누구인지를 알려주는 징표로 쓰인다.

이사도라 던컨에게는 도전에 다름 아니다. 1900년대 초, 그때까지 당연시되어 오던 토슈즈를 벗어던짐으로써 전통

발레에서 벗어나 현대무용에로의 새로움에 도전하였던 것이다. 모험과 도전, 그러고 보니 '움직이는 사람에게는 신데렐라의 유리구두가 주어지고 그 구두를 신은 사람에게는 더 큰 기회'가 온다던 말이 생각난다.

어린 시절, 섣달 그믐날 밤 야광귀(夜光鬼)라는 귀신이 섬돌 위에 벗어둔 신발이 자신의 발에 맞으면 신고 간다 하여 전전긍긍했던 기억이 난다. 그러나 동화 속 주인공을 꿈꾸던 나는 신발을 잃어버리고 불행을 맞을까봐 걱정한 일보다 신데렐라의 유리구두가 훨씬 더 내 마음을 움직였다. 신데렐라는 신발을 잃어버림으로써 왕자를 만나지 않았는가. 새 운동화 한 켤레 얻어 신는 것도 흔치 않던 시절 왕자까지 만날 수 있는 연결고리인 구두라니, 내 상상 속의 신은 꿈의 기제가 되기에 충분했다.

지금도 그 생각은 변함없어 신발이야말로 여성들의 꿈을 담고 있는 것이 아닐까 한다. 남성에 비해 상대적으로 여성들은 많은 종류의 신발을 가지고 있고 또 욕심을 부리는 것 같다. 유행에 민감하지 못한 나도 꼽아 보니 제법 여러 켤레의 구두를 가지고 있다. 그런데 내 구두는 대부분 깜장색 일색이다. 매번 화려한 톤에 눈이 머물다가도 체념을 한 탓이다. 더러는 색깔과 무늬가 모두 톡톡

튀는 구두를 신고 변신을 한 번 꾀해 봤으면 하는 갈망도 있지만 고작 꿈꾸는 정도에 머문 사실들을 나 자신이 잘 안다.

20대 후반에 용기를 내어 청람색의 망사구두를 한 번 가져 본 적이 있긴 하다. 쪽빛의 아른아른한 망사를 감싸 안 듯 같은 색깔의 가죽이 얌전히 테를 두른 그 구두는, 손꼽을 정도로 내 발과 조우를 하다가 어느 날 소박데기가 되어 내 생활 밖으로 밀려났다.

며칠 전 인사동 샘지길 깊숙한 곳의 쇼윈도 앞에 나는 한참을 서 있었다. 그곳 진열창의 구두 역시 삼청동 그 가게만큼 이색적이어서 잠시 발길을 멈춘 참이었다. 올여름에는 샌들이 화려함의 극치를 보인다고 했는데 과연 그곳에 있는 구두는 모두 눈부시도록 곱고 강렬했다. 넘치는 열정을 내뿜듯 원색의 물결이 출렁거렸다. 꽃, 나비, 동물무늬에 대담한 보석장식까지…. 굽도 코르크, 원목 따위로 다양하고 바닥에 활짝 핀 꽃잎이 아롱진 것도 있었다.

차마 안으로 들어갈 용기를 내지 못하고 남의 세계를 엿보듯 기웃거리다 우연히 젊은 연인이 구두를 고르는 모습을 보게 되었다. 신중히 구두를 고르는 어깨 넓은 청년과 흘러내리는 긴 머리카락을 연신 쓸어올리는 처녀가 참으로 잘 어울려 보였다. 유리창 한 겹을 통해 바라보는 그곳은 다분히 비현실적이고 몽환적인 분위기를 연출해 나에게 뭉클한 감동을 주었다.

나는 그곳에 서서 어쩌면 저 젊은 연인이 구두를 고르는 것이 아니라 구두가 그 연인들을 강하게 끌어당기는 건 아닐까 생각해 보았다. 음전하게, 수동적으로 선택되길 기다리는 게 아니라 그들 나름의 꿈을 가지고 제각기 다른 모양과 색깔로 에너지를 뿜으며 자신을 분신처럼 소중히 여겨줄 사람과 함께 어울리기를 기도하고 있을지도….

오늘도 신발들은 유리창 너머의 세상을 향해 스스로의 꿈을 키우고 있다. (2004)

돌아오지 않는 강

좌석을 배정 받고 시간이 남아 공항 전망대에 올랐다. 서서히 어둠이 깔리기 시작하는 바깥 풍경은 내 기분과는 다르게 다분히 감상적이기까지 하다. 좌측 하늘에서 유난히 반짝이는 별 하나가 점점 가까이 다가오고 있다. 가까워지던 별이 두 개의 작은 별을 거느리더니 형체를 드러낸다. 착륙하는 비행기다.

익숙해져 있던 것에서의 탈출, 미지를 향한 호기심으로 가슴이 설렌다.

가을은 어딘가로 막연히 떠나고 싶은 계절이다. 그러나 여행은 돌아올 곳이 전제되어 있어야 마음이 놓인다.

우리 모임에서 항상 싱그러운 웃음을 보여주던 한 남자가 이 가을 속으로 긴 여행을 떠났다. 추억을 남기고 돌아오지 않는 강을 건너 떠난 그는 영영 우리 곁으로 돌아오지 않을 것이다. 살아남은 우리는 눈물 흘리고 애절해했지만 정작 그는 말이 없었다.

그가 떠나고 난 뒤 나는 내내 우울하여 어딘가로 떠나고 싶어 길을 나섰지만 마땅히 갈 곳이 없다.

1시간도 안되어 비행기는 고향 근처 공항에 날개를 접었다.

객지의 여관방에 누워 돌아오지 않는 강을 건넌 또 한 사람, 할아버지를 떠올렸다.

내 정신적 지주이던 할아버지의 죽음은 내겐 크나큰 슬픔이었다. 나를 지탱해 주던 기둥 하나가 넘어진 듯 견디기 힘들었다. 살아 있는 사람들의 말을 위안 삼는 사이 시간은 흘러 나는 차차 일상으로 돌아왔으나 이런 계절이 오면 다시금 아픔이 솟곤 한다.

사랑의 환희도 이별의 슬픔도 처음과 똑같은 느낌이라면 필시 미쳐버릴 것이라고 누군가 얘기했었다. 인간에겐 이렇듯 시간이란 묘약이 있어 슬픔의 빛깔을 옅게 한다고 하지 않던가.

할아버지가 계신 동네를 찾아 들었다. 가파른 고개를 넘어가다 꺾어들던 옛길은 새길에 밀려 연인들의 드라이브코스로나 이용될 뿐 한적하기 그지없다. 정적감 묻은 바람 한 자락이 지나가며 낙엽을 떨어트린다. 내려다뵈는 아래 새로 뚫린 터널 속으로 무심히 차들이 빨려들고 있다.

내리막길을 지나 좌측 좁은 길로 들어서자 이내 다른 세상이 펼쳐진다. 망자들이 오밀조밀 모여사는 동네. 초가를 연상하는 낮은 봉분들이 촘촘히 들어앉아 서로를 의지하고 있다. 오랜만에 들렀더니 비바람에 씻긴 무덤이 더 낮아 보인다. 앞산을 물들인 단풍색깔이 처연하도록 아름답다.

봉분 사이에 드러누워 하늘을 보았다. 넉넉하게 품어 안는 가을 햇살이 따스하다. 가라앉는 기분을 추슬러 주는 하얀 새털구름의 아늑함에 취해 스르르 눈을 감으니 저승인가 싶고 살포시 눈을 뜨면 이승이다. 삶과 죽음이 바로 이런 것일까.

두고 떠나온, 내가 살던 도시의 한 풍경이 떠오른다.

창경궁 홍화문(弘化門) 건너편에는 택시기사들의 쉼터가 있다. 말이 쉼터이지 그곳은 본시 화장실이다. 화장실 벽을 의지해 커피장수가 있고 단골인 그들은 길가에 쭈그리고 앉아 컵라면을 먹거나 커피를 마시며 잠깐의 휴식을 취한다. 하필 화장실 앞인가 하겠지만 언필칭 담장 너머는 영안실이다.

담장 하나를 사이에 두고 생과 사가 갈린다. 어둠의 저쪽으로 사라져가는 사람들을 아랑곳없이 담장 이쪽의 사람들은 사는 동안 열심히 살아간다. 그들도 언젠가는 떠날 것이지만 아직까지는 하루에도 몇 번씩 '돌아올 수 있는 강'을 넘나들 수 있으므로 느긋한 것이다.

죽음은 본향으로 돌아가는 것이라고 한다. 생을 마감하는 날 내가 태어날 때 떠나온 그곳, 저승에 돌아갈 자리가 있다고 하더라도 아직까지의 내 자리는 바로 도시의 한 귀퉁이, 내 가족이 날 기다리고 있는 곳이다. 나를 기다리는 사람들이 있고 돌아갈 곳이 있다는 것은 또 얼마나 안심되는 일인가.

나는 그동안 수없이 한강을 넘나들었다. 사는 것에 의문이 생길 때면 그 책임이 이 도시에 있는 것처럼 다시는 돌아오지 않을 양 훨훨 떠났다. 그러나 매번 길게는 몇 개월 짧게는 며칠 만에 돌아왔다. 떠날 때의 암담함과는 달리 돌아올 때의 그 수굿함을 어떻게 설명해야 좋을까?

다시 돌아온 눈으로 바라본 한강은 마치 어렸을 때 느끼던 포근한 엄마의 품속 같은 아늑함이었고 물비늘 위로 반짝이는 빛의 파장을 보는 순간이면 내가 있어야할 곳이 바로 이곳이라는 강한 느낌을 받곤 했다. 그럴 때면 얼마 전의 암울함은 모두 털어지고 치열한 군상들 속에 섞여 부딪치며 살아가는 게 가장 내게 어울릴 것 같은 마음이 되어 강을 넘을 수 있었다.

할아버지의 죽음도 그의 죽음도 그것에 더 집착할 필요는 없을 것 같다. 할아버지의 비통한 죽음의 상처를 세월에 실어 보냈듯 그의 죽음도 세월이 흐르면 별수 없이 나의 뇌리에서 사라지리라. 나는 그저 열심히 한강을 건너면 될 것이다. 그것이 할아버지와 그의 죽음에 대한 살아남은 내가 할 수 있는 최선의 몸짓이 아닐까?

이틀의 방황을 끝내고 돌아오며 열차를 탔다. 나는 모처럼 레일 위를 달리는 금속성 열차소리를 듣고 싶었고 역동하는 몸짓을 느끼며 한강을 넘고 싶었다. 늑골을 통해 짜릿하게 전해지는 강의 움직임을, 살아있음을 온몸으로 확인하고 싶었다.

생성과 소멸, 오고 감의 이치를 새삼스레 느끼며 한강을 넘어 내 자리로 돌아왔다. 이 가을에….

(1996)

봄 꿈

기억하고 계시나요. 달마저 구름 사이로 숨어버린 그날 밤 말입니다. 배냇골을 찾아들던 그날 당신의 옆자리에 앉아 세상을 보았지요. 모든 것들이 잠들고 오롯이 별들만이 쏟아질 듯한 암흑 속을 당신은 묵묵히 앞만 응시하며 달렸고 그런 당신의 옆모습을 훔쳐보며 나는 가슴 설렁이는 느낌을 받았지요.

당신은 산길 모롱이의 공동묘지를 지나며 몇십 년의 세월에도 배냇골을 떠나지 못하는 영혼들에 이야기했지요. 나는 왜 바로 그 순간 아이러니하게 주검의 어둠에서 한 가닥 희망 닮은 사랑을 꿈꾸었는지 모르겠네요.

어디 세상사가 아이러니한 일 아닌 것이 있을라구요. 여성의 자궁을 닮아 배태고개라 이름 붙은 그곳 또한 수

없이 많은 젊은이들의 주검을 묵묵히 지켜볼 수밖에 없었다지 않아요.

6·25때 그곳은 좌익의 은신처로 쓰였다지요. 채 꿈도 꾸어보지 못한 그들, 채 꽃도 피워보지 못하고 봉오리로 접어야 했던 젊음과 이상(理想)이 차마 그곳을 떠나지 못하고 안개 되어 골짜기에 스며있는 듯했지요. 공비소탕 작전으로 산천에 피를 뿌리며 사라져간 그들의 운명은 어쩔 수 없는 것이었을까요? 스러져가는 그들을 모성의 본능으로 보호해 주지 못한 한(恨)을 가슴에 품고 속울음을 울어야 했을 우리들의 그 산야.

다음날 아침, 눈을 뜨고 무심코 밖을 내다보다 또 한 번 가슴 무너지는 소리를 들었지요. 이렇듯 청량한 곳에, 그렇듯 싱그러운 곳에서 목숨을 꺾어야 했던 그들의 청춘이 못 견디도록 짠한 아픔으로 다가왔지요.

더욱더 안타까운 것은 포화 속에서도, 죽고 사는 것을 기약할 수 없는 상황에서도 사랑에 빠진 남녀가 있었다지요? 애절하게, 상대를 바라보는 것만으로도 숨소리 뜨거워지는 역사를 했겠지요. 그들에게 절실한 것은 안락한 내일도, 가슴 벅찬 행복도 아닌 짧은 의식을 치를 장소였다지요. 하늘은 보여도 좋으니 두 사람의 몸을 가려 줄 수 있는 반듯한 공간만이 간절했다는 그들의 욕구 앞에 무릎이라도 꿇고 싶은 심정이었답니다. 사랑이란 그렇게 때와 장소 가리지 않고 소리없이 스며드는 것일까요.

어제는 동백꽃 뚝뚝 지는 나무 아래 한참을 서 있었어요. 쏟아져 내리는 선홍의 비를 맞으며…. 가슴에 피멍이 들도록 후회없이 그리움 쏟아내고 절정의 순간에 그 정열 고이 접어 제 몸 던질 줄 아는 용기에 가슴이 먹먹했지요.

그런데 나는 사랑하는 일이 무에 그리 어렵다고 허둥대기만 하는지 참 모르겠네요. 아니지요, 이 나이가 되어서도 익숙지 못한 내 사랑의 노릇은 서투름에서 오는 당황함이겠지요.

아니면 「그리스인 조르바」의 젊은 두목 오그레처럼 자신에게조차 솔직하지 못해서가 아닐는지요. 왜 매번 자기감정에 충실하지 못하여 마음대로 틀을 만들어 놓고 그곳에 자신을 가두려는 것일까요? 동백나무 아래에서조차도 왜 애써 따순 가슴을 식히느라 숨을 골라야 하는지 잘 모르겠네요.

주검을 옆에 둔 절박한 상황에서도 사랑을 한 저들에게는 없던 내일이 내게는 있는데도 말이에요. 맞아요. 내게 내일이 있다는 것, 혼곤한 봄꿈에 한 번쯤 취해 봐도 된다는 뜻. 그렇지요, 네. (2007)

하늘, 땅, 새

갈밭 소리

당신은 그 소릴 들어 보셨나요. 찬 비 온 다음날 젖은 몸으로 우는 갈대의 소리를 말이에요. 빗물 흠씬 밴 몸을 서로 부딪치며 내는 그 소리를요. 물기 없이 서걱대며 돌개바람에 이리저리 흔들리던 지난 가을과는 전혀 다른 그들의 언어를 말입니다.

겨울의 끝자락 갈숲에 섰습니다. 지난봄부터 갈피갈피 밀어 올렸던 꿈을 가을에서야 드디어 하얗게 꽃피웠더랬지요. 그러다 난데없이 눈비 섞어치는 칼바람에 놀라 땅으로 낮게 몸 눕히며 붉디붉게 울음 우는 소리를 듣습니다.

늦은 가을, 큰 키 나무에 기대어 흔들리는 그들 무리를 만난 적이 있습니다. 그날은 마른 노랫소리도 들렸지요.

갈밭에서 스란치맛자락 스치는 소리가 나대요. 개망초 대궁이 서로 몸을 부비며 내는 소리는 또 어떻고요. 꼭 작은 스푼으로 샤베트를 뜰 때 나는 소리 같았지요.

고니 흰 구름으로 떠 서로를 겨루고 있는 강물에 햇살이 스러지는 소리를 당신도 들어보셨나요.

등 뒤 키 낮은 숲에서는 새들이 부산스러웠습니다. 한참 발길을 멈추고 속닥임을 엿듣다가 고개를 갸웃했지요. 그들은 지금 사랑을 나누는 것일까요, 아니면 축제라도 펼치는 것일까요. 그도 아니라면 혹시 그들 나름의 내밀함을 나로 인해 방해받아 불평하는 것은 아닐는지요. 거듭 거듭 나는 속으로 방해할 마음 전혀 없었다고 부인하지만 안심 시킬 수단이 없어 안타깝고 민망합니다. 그들과 나 사이에 가로놓인 벽이 느껴지네요.

당신은 그 모습을 보셨나요. 소리만으로는 심이 차지 않는지 몸짓으로 춤을 추는 모습을요. 어둠이 날개를 길게 펼 때 아래로 아래로 몸 낮춰 바람을 맞는 모습두요. 한살이를 끝낸 야생초들이 자연에 순응하며 몸빛을 바꾸는 것이 무척 순해 보입디다. 연회색 강아지풀, 뿌연 개망초, 대궁을 불그레하게 물들인 억새 무리 그 모두가 땅의 색을 닮아가고 있습니다.

미사리는 그들의 치열한 삶터입니다.

갈대, 물억새, 부들, 달뿌리풀, 창포, 줄, 버들, 강아지풀, 부래옥잠, 여뀌, 띠, 갯버들, 개망초 등등이 서로 자신들의 영역을 고수하며 살고 있습니다. 어쩌면 그렇게 끼리끼리 어깨걸이를 하고 있을까요. 그들은 혼자 나서지 않고 모여 사는 법을 일찌감치 터득한 것 같습니다. 아니면 홀로 피어서는 너무 보잘것없지만 군락을 이루면 장관이라는 사실도 알아챈 것이겠지요.

무리 지어 사는 게 어디 풀들 만인가요. 갈밭 비껴난 웅덩이에 떼지어 노니는 청둥오리들이 보입니다. 그중 두 마리 하늘로 궁둥이를 치켜들고 발은 수중발레리나처럼 헤적이며 먹이를 찾고 있네요. 나름의 삶을 위해 오늘도 그들은 동분서주합니다. 겨우내 둥우리를 틀어 밀어를 속삭이던 그들이 떠난 자리에 봄이 올 것입니다.

봄은 그 소리들의 합주로 오는 것이 아닐까 싶습니다. 그 모든 것들의 춤사위가 봄을 불러들이는 것이 아닐는지요. 그렇지 않으면 어느 봄날 한꺼번에 그처럼 넘치는 힘으로 뿜어져 나올 수가 있을까요. 이 모든 섭리가 자연의 이치라는 걸 깨달았습니다.

철새 날다

두물머리를 거쳐 한강의 이름을 부여받은 곳에 고니들이 하얗게 내려 앉아 있었어요. 처음 그들을 보았을 때는 날갯깃에 머리를 파묻고 있어 솜덩이인가, 밤새 소식없이 살포시 내린 첫눈인가 하였지요. 갈숲 한 바퀴 돌아 나오니 긴 목 쭈욱 빼고 유유히 강물의 흐름에 몸을 맡기고 있어 「백조의 호수」를 춤추는 무용수 같기도 하고 소녀의 여린 손끝으로 접은 종이학 같기도 했습니다.

그날 마른 숲에는 고니 한 마리 외따로 웅크리고 있기도 하였지요. 무서리 내린 날 알을 품을 리 만무하고 먼 비행 끝에 날개라도 다친 게 아닌가 걱정했는데 다음날 보니 그가 앉았던 풀밭이 동그마니 비어 있어 안도의 숨을 쉬었어요. 도랑이 가로막아 사람의 손길이 타지 않는 곳이니 틀림없이 저들의 무리 속으로 다시 섞여들었을 테니까요.

백조라고도 불리는 고니는 그 우아한 자태로 동화 속 공주나 왕자의 변신으로 곧잘 나타나지만 지구 오염으로 그 수가 점점 줄어들고 있다니 안타깝네요. 그러고 보니 수난을 당하는 새가 어디 고니뿐인가요. 발을 손처럼 사용하고, 인간처럼 말하며, 사람처럼 헌신적으로 사랑하여, 그래서 사람들을 열광시키는 앵무새. 그중에서도 스픽스 유리금강앵무는 신비로운 파란 빛깔 때문에 더 열광적인 사랑을 받아 멸종되었다고 하네요. 남획과 서식지인 숲의 파괴로 야생상태에서 멸종된 스픽스앵무새. 아이러니하게도 인간에게 사랑받아 멸종하다니요.

누가 더 많은 종류의 새를 북아메리카 안에서 목격하는지를 겨루는 시합이 있다고 합디다. 참가자들은 철새 이동 경로를 찾아 엄청난 경비를 들이며 미친 듯이 쫓는다고 하네요. 설마 그들의 철새에게로 향하는 집착도 멸종으로 이어지지는 않겠지요.

얼마 전에 강이 우는 소리를, 얼음이 갈라지는 소리가 듣고 싶어 길을 나섰다가 겨울강 둔치에서 또 다른 철새들과 해후를 했지요. 새까맣게 내려앉은 후조(候鳥)를 보면서 그제야 눈치 챘습니다. 가슴을 꽁꽁 얼린 강은 새를 품지 못하는 것을.

저물 녘 집으로 돌아오는 길에 그들의 화려하고 장엄한 군무에 넋을 잃었더랬어요. 하늘을 수놓으며 날갯짓하는 새떼들, 어느 무용수의 춤사위가 그처럼 아름다울 수 있을까 싶게 감동적이었지요. 음악이 있는 것도 구령이 있는 것도 아닌데 머리를 서북향으로 두고 사람 인(人)자를 그리며 일사분란하게 열을 맞춰 차례로 비상하는 수천 마리 새떼들의 모습이라니요. 더러는 게으른 놈 한 마리 뒤늦게 날개를 퍼덕이며 무리를 따르는 품새가 웃음을 자아내게도 했지만요. 언제쯤 나도 자연에 순응하는 저들처럼 사는 법을 배울는지요.

천년도 더 전 경도 측정이 되지 않았던 때 끝없이 펼쳐진 바다를 넘어 새로운 이상향의 나라를 찾던 항해자들은 돛단배 한 척, 또는 그 이상의 쌍선 카누를 타고 바다로 조심스레 나갔다지요. 지상낙원이 그리 쉽게 도달할 수 있는 곳이던가요. 희생자 또한 수를 헬 수 없을 정도로 많았다고 합니다. 바다 한가운데서 길을 잃고 헤매던 뱃사람들에게 새떼는 행운에 다름 아니었지요. 새가 날아가는 방향은 그들 뱃사람들에게 훌륭한 길잡이 노릇을 했을 테니까요.

자신들이 떠나온 곳으로 돌아갈 긴 장도를 앞두고 비행연습을 하고 있는 철새들. 그들을 물안개 깊은 가을날 재회할 수 있기를 고대합니다.

하늘 그림

다 저문 저녁 때 하늘을 날아보신 적 있나요. 어둘 녘 하얀 액자 속에 가득 들앉은 그림을 봅니다. 비행기의 창문, 두 뼘과 세 뼘 남짓의 사각틀 한가운데 가로선을 굵게 긋고 우리가 사는 땅 쪽으로는 짙은 군청색 어둠을 깔았습니다. 그 위로는 불타는 자홍색이 아스라이 펼쳐져 있군요. 타는 핏빛이 조금씩 엷어지다 못내 푸르디푸른 청빛이 됩니다. 개밥바라기만이 그 넓은 창공에 점 하나로 찍혀 도드라져 보이네요.

하늘 위에 하늘이 또 있다니 어린 날에는 상상조차 못한 일입니다. 일몰과 더불어 낮과 밤이 바뀌는 하늘을 우러르며 별자리를 보고 꿈을 키우던 때가 있었지요.

조금 나이 들어 한가로운 곳에 작은 보금자리를 갖고 싶던 적도요. 옛님처럼 자연은 울타리 삼아 둘러두고 팔을 뻗으면 손이 닿을 만한 곳에 과실나무 한 그루 심고 싶었던 것도 다 하늘 때문이었지요. 작열하는 태양 아래 타는 갈증 감추고 활화산 같은 정열 뿜는 능소화에 반한 탓이기도 했지만 어쩌면 그건 순전히 능소화가 저 노을빛 닮은 까닭이었을지도 모르지요. 이제는 내 시야가 닿는 곳뿐만 아니라 그 너머에 언젠가 내가 돌아갈 또 하나의 하늘이 있다는 것을 압니다.

어느새 하얀 프레임 속이 검정색으로 채워졌네요. 비행기가 나래를 펴는 순간부터 김포공항에 다리를 접는 45분 동안 그 광경을 놓칠세라 눈을 깜박이는 것조차 아까워하였지만 하늘은 낮에서 밤으로 넘어와 있군요.

내일 아침을 위해 나는 깜깜한 밤을 헤치고 버스에 오릅니다. 언젠가는 돌아갈 하늘과 땅, 그날까지 나는 길 위로 나선 나그네니까요. (2006)

복사꽃장

도화나무 하늘을 향해 팔을 뻗어 봄의 축제를 벌인다. 언덕배기를 가득 메우며 춤사위를 펼치는 복사꽃, 누굴 가슴에 담았길래 저토록 붉디붉게 마음을 끓이고 있나. 그 사품을 시새움하는 탱자나무가 가시울타리를 널따랗게 에둘러 그 붉음을 가두려 애쓰고 있다.

저수지 입구의 벚나무 꽃빛이 무색하였다. '그것도 붉음이냐'고 복숭아나무가 놀리는 듯하였다.

몇십 번, 몇백 번을 맞는 봄이련만 한날같이 철철 흘리는 피, 비알을 물들이고도 아물지 않아 옹이로 불거진 관절. 그도 나처럼 아픈 것일까.

봄이면 내 몸도 싹을 틔우려 든다. 몸 어딘가에 자리 잡는 옹이로 인해 속앓이를 하다 보면 봄이 어느 결에 저

만큼 가고 있었다. 몇 번째 치른 해프닝이 공교롭게도 모두 봄이었던 것이다.

매번 몸이 나를 놀리는 것을 알고서 놓친 계절이 아쉬워 긴 한숨을 쉬어본들 무슨 소용이 있으랴. 어쩌면 몸도 주인의 무관심과 혹사에 견디다 못해 지른 비명이었는지 모른다.

이 봄도 그렇게 놓칠 뻔했다. 시난고난하다 에라 모르겠다 떨치고 나선 날, 삼랑진 어름의 복사꽃도 신열에 들떠 언덕을 온통 붉게 물들이고 있었다. 열꽃이 몸을 달궈 고통마저 사라졌나. 무시로 뭉근히 전해지던 통증이 씻은 듯하였다. 그게 바로 지지난주였다.

그 정경과 빛깔을 잊지 못해 지우(知友)가 싼 도시락을 들고 오늘은 북한강 어귀로 나선다. 남쪽보다도 봄의 화신이 늦게 도착할 터이니 지금쯤 이곳에도 도원(桃源)이 펼쳐졌으리라 여긴 때문이다.

문호리의 바치울 산자락 복사꽃밭에서 밥을 먹는다. 물기 없는 버들개지를 뚝 문질러 젓가락을 만들어 즐기는 우리만의 만찬. 찰밥 한 덩이에 반찬 두 가지일망정 분홍 꽃빛이 사방을 에워싸고 있으니 이보다 더 화려한 성찬은 없을 것 같다. 햇살마저 눈부시니 예가 무릉도원 아닌가.

복숭아나무는 오목(五木) 가운데 가장 정기가 좋다. 이른 봄 찬기운이 채 가시기 전에 잎보다 먼저 꽃을 피우는 복사꽃을 빼고는 도연명의 신선경을 떠올릴 수 없다.

石經雲裡少　桃花雨剪齊
更添今日寂　正借昔人迷

돌길은 구름 속에 파묻혀 비좁아지고
복사꽃은 비를 맞아 모두 지고 있어
오늘은 더더욱 적막하고나
옛사람 헤맨 곳이 바로 여기던가

임억령의 「도화경」이다. 돌길이 이어진 골짜기는 구름 속에 묻혀 희미하고 꽃잎은 비에 젖어 떨어진다. 꽃잎을 좇아 냇물을 거슬러 오르다 무릉도원을 발견한 도연명의 어부를 떠올리는 나그네, 혹여 꽃잎이 떠내려 오는 것이 아닌가 싶어 자꾸 냇물을 곁눈질을 한다.

도화는 그 호사함으로 하여 칭송과 함께 경계도 많이 받았다. 꽃의 화사함을 아름다운 여인, 그중에서도 요염한 여인으로 여겨 옛선비들은 경계했다지만 도리어 춘심에 감응하지 못하는 인색함을 탓해야 하리. 도화 만발한

날 아리따운 여인에게 한눈에 반한 당나라 시인 최호의 솔직한 심경이 가슴으로 파고든다.

去年今日此門中　　人面桃花相映紅
人面不知何處去　　桃花依舊笑春風

작년 오늘 이 집 앞을 지날 때는
여인의 얼굴과 복사꽃이 서로 자랑하듯 비쳤는데
어여쁜 그 모습은 어디로 가고
복사꽃만 예처럼 봄바람에 웃고 있네

아련한 봄날, 도화 꽃빛이 온 천지를 달뜨게 하는데 사랑하지 않고 어이 배기랴. (2006)

신라의 미인

자동차소리가 요란한 한길에서 몇 발자국 되지 않는 곳에 이런 세계가 있다니…. 숲으로 들자마자 갑자기 앞을 턱 막아서는 시선과 부딪혔다. 신선한 충격에 휩싸인다.

『삼국유사』에 의하면 신라 경덕왕이 백률사를 찾았을 때 어디선가 염불소리가 들려 땅을 파 보니 네모난 큰 바위가 나왔다나. 그래서 바위의 사방에 불상을 모시고 절을 지어 굴불사(掘佛寺)라 하였다지만 지금은 오롯이 석불만 남아있다.

1,300년을 살아남은 삼존불과 눈을 맞추는 순간 그 위용에 숨이 멎을 것만 같다.

가운데 본존불은 신체만 돌기둥에 조각했고 머리는 따로 만들어 우뚝 솟구쳐 놓았다. 등에 멘 바위가 마치 중

생들의 업을 송두리째 그러모아 짊어지고 있는 듯하다. 왼쪽에 선 입상은 머리를 잃어버렸지만 남은 모습으로서도 어림짐작할 만한 기품을 내뿜고 있다. 그런데 우측 아미타여래가 강렬한 느낌으로 나를 전율케 한다. 특히 그의 미모에 가슴이 뛴다.

신라의 미인이 이토록 아름다웠단 말인가. 어디 아름다움뿐인가. 가슴을 내밀고 선 그 늠름한 자태가 현대의 미인으로도 넘볼 수 없는 매력을 지녔다. 머리에 높은 관을 쓰고 있어서만은 아니다. 당당하면서도 넘쳐흐르는 귀품을 그 누가 따를 수 있으랴. 지그시 내려다보는 눈매와 온전한 코, 귀 모두가 잘도 조화를 이뤘다.

손바닥이 바깥으로 향한 오른손과 주름진 옷자락 끝에 살짝 닿아 있는 왼손, 힘을 모으고 선 발가락이 얼마나 섬세한지 살아 움직이는 입체감으로 다가온다. 오랜 세월도 모양을 흩트리지 못한 그 발로 금방이라도 걸음을 뗄 것 같아 조바심이 인다. 어느 남정네가 저런 미인에게 반하지 않으랴.

누구의 솜씨가 저토록 섬세했던가. 혹여 그는 사랑하는 연인을 바위에 심은 것이 아니었는지. 사모스서의 조각가 피그말리온처럼.

피그말리온은 완벽한 여인을 만드는 것을 목표로 끊임없이 돌에다 조각을 했다고 한다. 그리고는 마침내 자신의 마음에 쏙 드는 완벽한 여인상을 만들었다. 자신의 대리석 연인에 빠져있느라 다른 처녀들에게는 눈길도 보내지 않은 그는 필연적으로 이룰 수 없는 사랑에 빠질 운명이었다. 그녀의 입술을, 그녀의 눈동자를 바라보기만 해도 사랑의 감정이 끓어오르는 것을 어찌할 것인가. 마침내 그의 애절한 소망은 비너스 신에게도 전해졌다. 차갑던 대리석은 피가 흐르고 심장이 뛰는 여인이 되었다던가. 그러나 행복도 영원할 수는 없다. 흐르는 세월 따라 늙어가는 여인의 모습을 고통스레 지켜봐야 했으니….

이곳에 아미타여래를 새긴 도공은 피그말리온보다는 훨씬 높은 수를 두고 있다. 욕심 버린 그로 인해 천년을 훌쩍 넘긴 이제도 변함없는 미모로 살아있지 않은가. 영원한 사랑의 주인공 그는 거듭 거듭 윤회를 하여 지금도 사랑을 나누고 있을 것 같다.

시계방향으로 탑돌이를 하는 신라인의 후예를 따라 나도 왼쪽으로 천천히 걸음을 뗀다. 북쪽면에 두 입상이 있다. 오른쪽은 돋을새김의 둥글고 예쁜 얼굴에 굴곡 있는 우아한 자세이며, 왼쪽은 얼굴이 열하나에 여섯 개의 손을 가진 관음보살이 얇은 선으로 음각되어 있다.

다시 옆으로 돌자 지그시 눈감고 해 뜨는 쪽을 향해 가부좌를 튼 약사여래좌상의 모습이 의연하다. 활기차고 긴장감이 넘쳐흐르는 신체에 발바닥이 애교스럽고 왼손바닥에 올려놓은 여의주가 선명하다.

그런데, 인생의 굴곡이 이마에 선명한 한 노파가 약사여래 무릎 아래 앉아 장정 두엇이 매달려야 들 수 있을 듯한 바위를 조약돌로 갈고 있다. 맷돌을 돌리듯 쉬지 않고 움직이며 연신 주문을 왼다. 간절한 기원이 약사여래에게 닿고도 남겠다. 무슨 사연이 저토록 절절할까. 혹시 자식이 불치의 병이라도 걸렸단 말인가. 덩달아 나까지 숙연해진다.

노파의 모습 위로 옛사람 희명(希明)과 그 어미의 모습이 겹쳐진다. 분황사 관음보살에게 매달리던 까마득한 신라의 여인들이다. 눈 먼 딸 희명을 앞세운 그 어미의 피를 토하는 비손이 관세음보살에 닿았다는 전설을 옛이야기로만 돌려야 하는가. 지금 저 노파도 자식의 명을 잇기 위해 저토록 통절히 자신의 몸뚱이를 갈 듯 돌을 갈고 있는 것은 아닐는지.

신라의 서울 경주는 어느 곳을 가도 선인들의 숨결이

살아있다. 남산이야 말할 나위없지만 오늘처럼 어느 산을 오르던 운만 좋으면 천년이 훨씬 넘는 세월에도 지워지지 않은 미소와 맞닥뜨린다. 곳곳에 숨어있는 부처들, 그들의 모습에서 신라인들은 너나없이 모두 예술혼을 가진 사람들이었음을 눈치 챈다. 골짜기마다에 그들 순연한 신앙을 새긴 마음, 서방정토를 염원하던 원력(願力)이 지금에까지 이어져 있다.

고뇌와 슬픔, 행복과 불행 그 모든 것을 바위에 새긴 마음, 그것이 신앙이 되었으리라.

(2006)

나는 우의정

"아니 좌의정은 어디 두고 우의정 혼자인가?"

"예?"

나는 어리둥절하다가 내 이름과 발음이 비슷한 우의정(右議政)으로 놀리는 것을 알고 얼굴을 붉혔다. 옆에 계시던 분들이 서로 좌의정(左議政)을 자청하는 바람에 좌중의 분위기가 일시에 부드러워지며 웃음꽃이 피었다. 최근에는 '우의정님께'라고 서명된 책을 받고 실소를 금치 못한 적도 있다.

어쨌든 그다지 싫지 않은 우스개이다. 웃음의 여운 속에서 어머니를 떠올린다.

"가르치기만 했으면 이름을 떨쳤을 낀데. 내가 니한테 죄가 많다."

"엄마, 제발 그만 좀 하세요."

나는 매번 어머니의 무거운 한숨을 밀쳐낼 양 톡 쏘며 찬바람을 일으킨다. 좀 더 당당하지 못한 어머니 모습에 화가 나고 팔자에 휘둘리며 살아온 어머니의 곤고한 삶에 대한 애처로움이 내게도 한(恨)이 되기 때문이다.

단신 월남한 아버지와 결혼한 어머니가 신행 3일을 보내고 따라 나선 곳은 아버지의 외가가 있는 산골동네였다. 하루 한 번 다니는 털털거리는 버스를 타고 재를 넘고 또 넘어 겨우 읍내에 도착했을 때 아버지는 산길을 따라 30리를 더 걸어가야 한다고 했단다.

이쁜 색시를 데리고 가는 아버지는 어깨를 으쓱이고 걸었지만 바다만 보고 자란 어머닌 처음 보는, 첩첩이 둘러싸인 산 때문에 기가 죽어서 가쁜 숨을 잼이느라 힘들었다.

그러나 신혼의 단꿈이 깨기도 전에 하늘만 빼곡히 보이는 산골에 젊디젊은 색시를 두고 아버지는 대처로 떠나갔다.

할머니 나이 마흔이 넘어 힘겹게 낳은 외아들로 태어나 과보호 속에 자란 아버지에게 가로막힌 38선 너머의 부모는 힘이 되지 못했다. 살기 위해서는 얼마나 치열해야 하는지를 모르던 아버지에게 세상의 벽은 높았고 애당초 식구 하나 거느릴 능력도 없었다. 결혼 전 배운 미용기술로 동네 여인들을 상대로 밥벌이를 하는 어머니를 두고 아버지는 슬그머니 직무를 유기하듯 도망치고는 했다.

어느 날 푸른 달빛을 타고 슬며시 찾아들었던 아버지가 다시 사라진 뒤 남겨진 흔적. 그 밤 어머니는 시뻘건 해를 치마폭에 담아들고 빛 속으로 걸어갔다.

훌쩍 왔다 사라지는 젊은 신랑보다는 바다가 보이는 남쪽 고향을 더욱 애타게 그리던 어머니는 몇 번을 보따리를 쌌다가 풀었다. 산이 너무 높아서, 빨래터에서 사귄 수양어머니의 애틋한 사랑에 정이 들어서, 마지막으로 어머니는 자궁 속에 자리 잡은 나 때문에 주저앉았다.

어머니의 탯줄에 매달린 나의 생명은 어머니의 인생을 꼼짝 못하게 하는 올가미였고 또한 희망이기도 했다.

난산으로 꼬박 3일 동안 죽을 고비를 수차례 넘기며 나를 낳은 어머니는 내게 명옥이란 이름을 붙여주었다. 그것은 밝고 맑은 구슬처럼 예쁘게 살기를 바라는 어머니의 소망이기도 했고 일찍 친정어머니를 여의고 사무치게 그립던 모정을 자신의 딸에게 쏟으리라는 다짐이기도 했다.

뒤늦게 딸을 낳은 소식을 들은 아버지는 바람처럼 달려왔고 한동안 마음을 잡는 듯했다. 일점혈육 없이 방황하던 아버지에게 나는 이 세상에 둘도 없는 사랑이었다.

밝을 명(明) 구슬 옥(玉), 첫돌 무렵까지 그렇게 불리던 내 이름은 어느 스님의 등장으로 위기를 맞았다. 일을 하는 어머니를 대신해 나를 키우시던 수양할머니는 무척이나 나를 애지중지 하셨다. 마실을 다니시며 나를 어르는 것으로 낙을 삼던 할머니께 하루는 그 마을을 지나던 스님이 내 이름이 나쁘다고 고개를 흔드셨다.

어머니는 전전긍긍했다. 자신의 한(恨)과 애증을 보상받아야 할 딸의 이름이 나쁘다니 안될 말이었다. 어머니는 그해 서울로 이사를 하자마자 작명소를 찾아 나섰다. 사주를 짚어 보고 이름을 바랄 희(希), 정사 정(政)으로 지어주던 작명가가 한 말은 어머니의 희망을 눈앞에 그린 듯 확인시켜 주는 말이기도 했다.

"딸이라도 가르치기만 하면 한 자리 할 아이요. 이름을 떨칠 테니 두고 보시오."

자신있게 말하던 그의 말을 신의 예언쯤으로 믿었던 어머니는 그런데 결정적인 큰 실수를 했다. 맡아놓은 자식의 성공을 가르치지 못한 자신의 죄로 그르쳤으니 못내 한스럽고 복장을 칠 일이었다. 더구나 그 생각이 떠오를 때마다 한숨으로 삭히려니 힘들기도 하실 것이다.

나는 그런 어머니의 모습이 안쓰러워 위로를 하고는 했

는데 끊임없이 들먹이니 이젠 지겨워졌다. 한탄을 한다고 상황이 달라질 리도 없고 그것보다 더 민망한 일은 내가 어머니의 기대만큼 똑똑치 못하다는 사실이다. 한 자리 못한 것이 무능한 내 탓이지 어찌 어머니 탓이라고만 하겠는가. 그런데 어머니는 지치지도 않는 양 똑같은 소리를 되뇌고 있으니 기대에 못 미치는 내 심정은 소태 씹는 것 같을밖에.

고슴도치도 제 새끼는 함함하다지만 그래도 그렇지 어머니는 왜 딸이 못난 것은 인정하지 않으실까.

그래도 나는 지금의 나로서 만족하고 있고 능력도 자질도 없는 주제에 분에 넘치는 수필가란 명찰까지 달았으니 이것이야말로 이름 덕택이 아닐까 한다.

또한 지금까지 숱한 시험을 치렀지만 운좋게 한 번도 낙방을 하거나 실망한 적이 없다. 매번 시험지를 받아들고 이름 석 자를 쓰는 순간 용기가 불끈 솟고 자신감이 생겨 내 실력보다 더 좋은 성적을 얻었으니 이 어찌 이름 덕이 아니라고 우길 수 있는가. 어머니는 딸이 이만하면 됐지 무얼 더 바라실까.

언젠가부터 귀가 어두워져 세상소리에도 어두운 어머니의 귀에 대고 오늘은 목청을 돋우어 큰소리로 말해야겠다.

"어머니! 어머니 딸이 우의정이 됐다구요. 우의정 아시죠? 이 정도면 이름 날린 거 아니겠어요."

놀란 눈으로 나를 바라볼 어머니를 위해 오늘 하루쯤 나도 옛사람 노래자(老萊子)처럼 색동옷을 입고 춤을 추어 보는 것도 괜찮으리라.

(1996)

벗어도 좋으리

여인은 벌거벗고 있었다. 그것도 부처님이 빤히 바라보는 곳에서 옷을 벗은 채 숫저운 표정을 짓고 있었다.

목아박물관 마당의 벌거벗은 여인이 집으로 돌아오는 나를 줄곧 따라붙었다. 그는 왜 하필 부처님 앞에서 옷을 벗고 있는 것일까.

바로 그때, 햇살이 눈부시던 어느 여름의 적멸보궁을 지키는 큰스님 앞에서 벗은 채 포즈를 취하고 있던 염치없는 목백일홍의 인상적인 광경이 떠올랐다. 어쩌라고? 어쩌라고 저토록 부끄러운 몸짓으로 맨몸을 드러내놓고 수도승 앞에 서 있단 말인가. 그해 여름날은 내가 몹시 애가 타 신열이 올랐다.

석가모니불 앞에 벗고 있던 여인과 큰스님 앞에서 맨살

을 드러내 놓고 있던 목백일홍, 득도한 부처님이나 수행자에게 저들의 의미는 무엇일까.

창원 북면에 있는 백월산(白月山)에는 노힐부득과 달달박박의 전설이 전해진다.

옛날 옛적 백월산 아랫마을에 두 청년이 살았다. 그들은 뜻이 있어 속세를 버리고 산중으로 들어갔다.

수도 정진한 지 3년쯤 된 날, 절세 미모의 한 낭자가 박박을 찾아와 하룻밤 묵어가길 청했다. 수도하는 곳에 부정 타게끔 어찌 여인을 들일 것인가. 박박은 그녀의 청을 단호히 거절하고 문을 걸어 닿았다.

문전박대 당한 그녀는 부득을 찾아간다. 부득은 그녀를 맞아들여 쉴 자리를 마련해 주었다. 청정을 제일로 하는 수도장이지만 중생을 구제하는 일 또한 보살행의 하나임을 그는 잊지 않았던 것이다. 여인은 밤이 깊어지자 몸이 불편하다며 도움을 청하고 목욕을 할 수 있게 해달라고 한다. 뿐인가, 그 물에 부득도 목욕을 하라니?

여인의 요청에 옷을 벗은 노힐부득이 물에 몸을 담그자 당장 온몸이 황금색으로 변하며 눈앞에 연화대가 나타난다. 성불을 한 것이다.

구도자 앞에 종종 모습을 드러내는 여인은 유혹의 화신

인가, 득도에 이르게 하는 관음보살의 현신일런가.

황진이의 유혹에 넘어간 지족선사를 우리는 파계한 스님으로 웃음거리 삼아 이야기한다. 더불어 미인의 유혹에 꿈쩍하지 않았다는 서경덕은 되레 칭송한다. 여인의 미모에 동하지 않는 남자를 어찌 사내라 할까. 더더구나 여인의 곡진함을 무참히 외면한 일은 그야말로 얼마나 비인간적인가. 나는 신이 만든 예술품 중에 가장 아름답다는 여인을 외면한 서화담보다 지족선사의 인간미에 더한 점수를 주고 싶다.

인간적인 정말로 인간적인 또 한 사람 원효. 문천교(蚊川校) 아래 떨어져 그 밤 젖은 몸으로 요석궁에 들 명분을 마련하는 원효의 인간미. 그래서 나는 선묘낭자의 사모하는 마음을 애써 모른 체한 의상보다는 요석공주의 사랑을 받아들인 원효를 흠모한다. 누가 요석궁으로 든 원효를 폄하할 수 있는가. 도리어 무엇에도 얽매이지 않았던 인간 원효를 흠모해야 마땅하리라.

도를 이룬 자의 마음씀으로 보살행을 행한 그의 치적을 일일이 나열할 필요는 없으리라. 승복을 벗고 스스로 소성거사(小姓居師)라 하며 백성들 속으로 들어간 원효. 그는 요석궁에서 나와 아무 거리낌 없이 살며 무애(無碍)의 경지에 들었던 것이다.

티베트의 밀교(탄트라 불교)에서는 고대로부터 남신과 여신이 교접하는 모습을 형상화한 불상을 숭배했다고 한다. 그들은 남자의 지혜와 여자의 자비가 합쳐져 완벽한 우주가 된다고 여겨 해탈이나 구도의 과정을 남녀의 교접에서 찾았다.

옴마니반메훔을 외고 남근상을 숭상하며 쾌락과 금욕을 같은 선 위에 놓은 그들과 다른, 우리의 방식으로 나타나는 여인의 모습은 참으로 내게 애틋한 정감마저 불러일으킨다.

어느 한쪽으로 치우침 없이 물 흐르듯 상황을 끌어안는 그런 자세로 속세에서 속되지 않게 사는 사람이 있다면 그 앞에서는 옷을 벗어도 좋으리.

(2004)

그는 정말 산으로 갔을까

간밤에 녀석은 제 아비를 따라 산으로 갔단다. 정말 그는 산으로 간 것일까?

며칠 째 사람 사는 곳까지 내려와 애달피 울던 고라니의 울음소리는 듣는 이의 심금을 건드렸다. 피울음을 토하듯 꺽꺽거리는 소리에 새끼고라니의 임시 어미 노릇을 하던 풍경화 주인장은 분명 그 아비일거라는 확신을 가졌단다.

자연에서 온 녀석을 다시 돌려보내기로 결심한 주인장, 새끼고라니의 팔딱이는 심장박동을 체온으로 느끼며 캄캄한 들길을 걸었다는 주인장의 모습이 그림처럼 선명하게 그려진다. 그들 가족의 보금자리가 있던 곳에 녀석을 두고 오며 간절한 기도를 했다는 그의 애틋한 마음씨조차도 손에 잡힐 듯하다.

하지만 나는 영 마음이 놓이질 않는다. 하루 종일 녀석의 모습이 눈에 밟혀 일손이 허둥댄다. 비록 짧은 만남이었지만 그를 생각하면 참으로 애달픈 심경이다.

나는 요즘 어떤 종류의 이별이든 이렇게 힘이 든다. 될 수 있으면 새로운 인연을 만들지 말아야겠다는 엉뚱한 생각을 해보지만 가라앉은 기분은 쉽게 풀릴 것 같지 않다.

소 먹이는 이가 천정부지로 치솟는 사료값 때문에 궁여지책으로 개울가에 군락을 이룬 억새를 베기로 했단다. 그 와중에 그들 고라니가족이 수난을 당한 것이다.

억새밭에 보금자리를 마련하여 이제 금방 몸을 푼 그 어미에게는 청천벽력이었다. 예초기의 칼날이 사정없이 윙윙거리며 다가왔지만 어미는 차마 막 태어난 새끼를 두고 혼자 달아날 수 없었는가 보았다. 모든 이들이 입에 침이 마르도록 칭송하는 끈끈한 모정은 짐승인 고라니에게도 예외가 아닌 모양이었다. 자신의 목숨과 새끼를 바꾸기로 결연히 작정하였으니 말이다.

작업을 하던 인부들이 눈치를 챘을 때 이미 어미는 피투성이가 되어 숨을 넘긴 상태였다. 새끼를 보호하기 위해 품어 안고 예초기의 칼날을 고스란히 받은 어미의 주검 앞에 누구 하나 입을 떼지 못했다.

점점 메말라가는 인심과 더불어 인간 세상에서는 자식을 버리는 모진 어미가 더러 있지만 그것은 어둠의 한부분일 뿐이다. 불의의 사고를 당하는 긴박한 찰나에도 어린 자식을 살려야겠다는 일념으로 자신의 몸을 방패삼은 모정 앞에 우리는 감동의 눈시울을 적시지 않는가. 나는 이번 일을 계기로 모정의 무게에는 인간과 짐승에 하등의 차이가 없다고 여기게 되었다.

어쨌든 어미는 죽었지만 살아남은 새끼를 거두는 것 또한 인간의 도리일 터. 사연 많은 생명을 가리지 않고 거두는 풍경화 주인장에게 긴급 구호요청이 온 것은 어쩌면 당연한 수순이었다.

마침 나는 주인장이 주사기로 녀석에게 우유를 먹이는 모습을 보았다. 참으로 안타깝기 그지없는 노릇이었다. 거기다 녀석은 아직도 제 어미를 죽인 사람이 얼마나 무서운지 전혀 모르는 눈치였다. 기척이 느껴지면 혹 제 어미인가 여겨 젖을 찾는 양 아무데나 입을 들이미니 그 정경은 참으로 딱하였다. 부랴부랴 가축병원으로 달려가 우유병을 사오며 나 스스로가 아비 없는 늦둥이를 본 기분이었다면 너무 비약한 것일런가. 내 심정이 꼭 그랬다.

고라니가 농작물을 망쳐놓는다고 분통을 터트리는 농부에게는 죄송한 마음이지만 조물주의 입장에서 본다면 그도 살 권리가 주어진 엄연한 생명체일 것이다. 더구나 그 순진한 눈망울을 보고서야…. 걸음도 못 떼는 어린 목숨은 내 몸속 깊은 곳에 내제되어 있던 모성애를 끓어오르게 했다.

그러고 나서 열흘, 녀석을 보러 짬을 내어 풍경화에 들렀더니 산으로 돌려보냈다는 주인장의 말이었다. 밤새 누구에게 해코지를 당하지는 않았는가 싶어 신새벽에 그 자리로 달려가 보았는데 흐트러진 흔적이 없는 걸 보니 분명 제 아비를 따라갔을 거라는 그의 설명을 듣고도 나는 여전히 마음이 짠한 것이다.

정말 그는 산으로 간 것일까? (2008)

나무오리 한 쌍

새 두 마리를 가방에 담아오다 공항 검색대에서 걸렸다. 내 행동이 아무래도 어설펐던 모양이다. 입국심사를 하는 이가 가방을 가리켰다.

"뭐요."

"샌데요."

조류독감이니 뭐니 하는 판국이니 당연히 그의 눈이 빛났다. 날카로운 발톱과 그에 비견할 만한 부리를 가진 수리가 먹잇감을 발견한 듯했다. 그의 기세가 상승하는 만큼 나는 주눅이 들었다. 한 건 올린 그의 손이 내 가방을 들추었다, 변명할 틈도 없이.

"오리예요."

'기껏 나온다는 말이 그뿐인가.'

스스로 생각해도 면구스러웠다. 내 심정은 아랑곳없이 녀석들이 주둥이를 불쑥 내민 채 새까만 눈동자를 반짝이며 해프닝을 지켜보고 있었다.

뭔가에 마음을 빼앗기는 일은 걷잡을 수 없이 마음에 불을 놓는다. 꼭 그것이 사람과의 사랑이 아닌 물건을 향한 마음이라도 말이다. 수집은 일종의 호기심을 좇는 행위다. 아니다. 공허를 채우는 것이라고 했다.

"수집가들은 자기가 수집하는 물건에서 어떤 특별한 의미를 찾으며 바로 이 의미가 그 물건에 가치를 부여한다. 이 초월의 순간, 초월을 소유하는 순간이 모든 수집물을 소중한 것으로 만든다. 어떤 면에서 모든 수집물이 토템이다."라고 필립 블롬은 수집의 역사를 밝혔다.

수집이라고 이름 붙이기에는 미흡하지만 나는 한동안 연필과 작은 자전거에 몰두했다. 56킬로미터의 선을 그릴 수 있고 4만 5천 단어를 쓸 수 있다는 한 자루의 연필은 무한한 상상력을 자극하지 않는가. 심의 단단하기와 굵기에 따라 나누어진 종류와 나름의 특색을 지닌 모양, 입고 있는 옷의 색에 따라 흥미롭기 짝이 없다.

자전거만 해도 그렇다. 고백하자면 나는 자전거를 탈 줄 모른다. 그런데 어느 날부터 내 방에 하나 둘 자리 잡은 자전거로 하여 내 꿈은 날개를 달기 시작했다. 지붕이 있는 자전거를 타고 이글거리는 땡볕을 달리기도, 날렵한 경기용 자전거의 페달을 밟고 바람을 가르는 상상만으로도 충분히 기분이 좋았다.

이런저런 사연이 따라붙은 이것들이 사는 일이 힘에 부쳐 끝없는 나락으로 곤두박질칠 때면 나를 향해 말을 걸어온다. 그리하여 얼마쯤 그들과 이야기를 나누다 보면 나도 모르게 위안을 얻게 되는 것이다.

요즘은 날아다니는 것에 흥미를 가지고 있다. 그러니 여행길에서 마음자리 따라 눈에 띈 것도 새들의 무리임은 당연지사.

이번만 해도 그렇다. 야자수 뿌리를 별로 손대지 않고 만든 재미난 포즈의 오리 한 쌍이 눈에 들어왔다. 꼬리털은 삐죽삐죽 선머슴 머리카락처럼 곤두섰고, 서로 제 잘난 듯이 불룩 가슴을 내민 그 몰골이 볼수록 입가에 웃음을 번지게 했다. 가격 또한 내 주머니사정을 감안한 듯 저렴하였으니 금상첨화였다.

기고만장한 내 흥분을 가라앉혀야 할 필요가 있었나 보다. 마치 규율을 어겨 사감선생님한테 붙들린 폼이 된 나를 바라보는 세관원의 표정이 묘했다. 뭐 이 따위 별 볼

일 없는 걸로 사람을 놀랬냐는 듯…. 그런들 어떠랴. 이들로 인해 내 가슴이 열에 달떠 뜨거운 것을.

수집의 역사는 오래되었다. 16세기서부터 수집열풍이 일기 시작해 수집인도 많고 수집품도 다양하다.

초기의 수집가들은 광적일 정도로 그에 집착하였다고 한다. 그런 집착들이 재산을 털어 물품을 모아들였고 그 소장품들이 세월의 흐름 뒤 박물관의 시초가 되었단다. 18세기의 '프란츠 요세프 갈'은 사람의 두개골을 수집했는데 그가 아끼던 소장품들이 현재 파리의 인류박물관에 소장되어 있다.

그처럼 유럽에서는 한때 유골수집열풍이 불었다니 좀 으스스한 느낌이다. 그에 열광한 수집광은 자신의 수집품을 위해 시체를 삶는 일을 마다하지 않았다니 이쯤 되면 광적이라 할 만하지 않는가.

그에 비해 프랑스인 앙리 퀴에코의 수집은 애교스럽다. 『몽당연필 모으는 남자』의 저자이기도 한 그가 체리씨와 꼭지, 선물상자를 묶었던 끈 등 너무나 보잘것없고 사소한 것들을 모으며 만족해하는 모습은 미소를 머금게 한다.

내게 대놓고 이상한 눈길을 보내던 그 세관원은 아마도 그 옛날 시체를 삶던 수집광들이나 요즘도 체리씨에 연연

하는 이들을 몰라서일 것이다.

아무튼 작은 소동을 거쳐 내 사무실에 자리 잡은 녀석들은 찾아오는 문우들에게 인기가 좋아 은근히 내 어깨를 으쓱이게 한다. 이만하면 공항에서 생겼던 일은 오히려 즐거운 삽화로 기억되지 않겠는가.

(2007)

귀여리에서

천둥을 동반한 빗소리에 잠을 설쳤다. 이렇게 달구비가 쏟아지는 밤이면 산과 강, 나무와 새들은 어떤 모양으로 잠을 청할까. 못내 안달이 났다.

뿌연 안개를 헤치고 그들을 만나러 새벽길을 나선다.

제일 앞에 납작 엎드린 산, 그 뒤로 살포시 웅크린 산, 그 너머 무릎 세워 몸 일으킨 산, 산. 그들이 선잠 깰까 봐 발자국소리까지 죽이며 다가간다.

간밤의 거센 빗발에도 산은 꿈쩍 않고 있는데 강물은 아픔을 속으로 내처 삼키다 더는 참을 수 없어 속을 뒤집었는지, 시뻘건 황토를 내뱉으며 몸을 뒤틀고 있다. 온몸으로 감싸 안았던 모든 것을 토악질하듯 내뱉으며 뒤척이고 있다. 한없이 넓고 깊게 보듬는 것에 만족하던 강도 가끔은 강한 거부의 몸짓으로 오롯이 자신을 뒤집어놓을 수 있는 날이 필요한지 모른다.

사람살이에 지칠 때면 나는 이 길로 나선다. 너무 가라앉아서 정적감에 휩싸일 때도 좀은 마음을 출렁이고 싶어서 이 길을 달린다.

그저께 동살에도 나는 푸른빛으로 깨어나는 이곳에 왔었다. 그날의 강은 모성으로 풍경을 끌어안고 있었다. 밤새 강물에 몸 담그고 자다 눈곱을 떼고 꿈에서 깨는 산을 보여 주었다. 자욱하던 물안개가 나보다 먼저 산이 뒤척이는 소리를 들었는지 어느새 산등성이로 올라가고 있었다. 물에 드리운 그림자는 그냥 두고 기지개를 켜는 산의 기척에 수초들 사이에서 청둥오리 한둘이 깨어나고 있었다. 부지런한 암컷은 먹이를 찾느라 물살을 가르고 곱게 머리 빗어 단장한 수컷은 뒷짐을 진 채 유유히 멱을 감고 있었다.

게으른 오리 한 마리 무리에서 벗어나 덜 깬 몸짓으로 강물에 잠긴, 아직 산이 개키지 못한 잠자리를 망가트리고 있기도 했다. 한 쪽에서는 무슨 못된 꿈을 꾸었는지 두어 뼘 남짓한 금빛 물고기 지느러미 번쩍이며 수면 위로 솟구쳤다. 그 몸짓에 수초 속에 있던 피라미들 놀라 작은 소란이 일었다. 갈밭에서 긴 목을 빼고 그 소란을 지그시 지켜보고 있는 왜가리…. 그 모든 것을 품어 안고 있던 그날의 강은 황톳물을 토하는 오늘과는 영 딴판으로 넉넉하고 평온한 모습이었다.

누군들 평온한 날만 있을 것인가. 참다못해 더는 어찌 해 볼 도리가 없을 때 저 강처럼 속내를 한 번쯤 뒤집어 스스로를 정화시킬 수 있다면 그도 좋을 일이다. 그래서 나는 마음을 추슬러야 할 때면 늘 귀여리 강가에 선다.

(2008)

백량금

연휴가 끝나가는 오후, 광릉수목원을 찾았다. 바람도 쏘일 겸 동생이 보낸 화초의 이름도 알 겸해서 나섰다.

며칠 전, 외출에서 돌아와 현관문을 열자 낯선 화분이 나를 반겼다. 화분 속의 이름 모를 화초는 40센티가 될까 말까한 작은 키에 힘에 겨워 보일 정도로 많은 열매를 조랑조랑 달고 있었다. 의아해 하는 내게 아들이 저희 삼촌이 인편에 보내 왔다고 일러주었다.

동생은 설날인데도 오지 않을 예정으로 화분을 보냈을 것이다. 명절을 맞아 누이에게 얼굴을 보여줌직 하건만 오랫동안 그림자도 안 비치고 있다가 작은 화분을 보내는 것으로 잊지 않고 있음을 나타내는 것이리라. 아무리 내가 화초를 좋아한다지만 제 얼굴 보는 것만 하겠는가.

나는 내 집에 누가 오는 것을 좋아한다. 그러다 보니 무슨 날만 되면 좁은 집이 들썩들썩할 정도이다. 동생은 그 법석거림이 싫어 혼자 명절을 보낼 것이다.

이번 설날도 예외는 아니어서 친척들이 한꺼번에 몰려왔다. 같이 온 아이들까지 가세하여 시끌벅적했다.

"도야! 개야……."

어른들은 윷놀이에 신이 났다. 천장이 울릴 정도로 외쳐대는 소리에 귀가 먹먹하고 아이들은 아이들대로 말썽부리기에 분주하다. 아이들 말썽부릴 만한 것을 치우기에 급급한데 지난여름에 첫돌 지난 조카가 한옆에서 조용히 일을 저지르고 있는 것을 뒤늦게 발견했다.

동생이 보낸 화분을 문갑 위에 올려놓았는데 이 아이 눈에도 앵두처럼 생긴 주홍빛 열매가 좋아 보였나 보다. 어느 틈에 아예 문갑 위에 기어올라가 얌전히 열매를 따고 있었다. 화들짝 놀란 나는 화분을 더 높은 곳으로 치웠지만 알알이 따서 동댕이친 이름 모를 화초의 주홍빛 알들이 가슴을 아리게 했다. 그래서 겸사겸사 수목원을 찾아 나서기로 작정하였다.

수목원 입구의 아름드리나무들 사이를 걷는 것은 정말 상쾌했다. 연인과 함께라면 분위기가 더욱더 그럴싸하겠지만 굳이 연인과 함께가 아니라도 좋다. 가슴을 넓게 벌리고 숨만 크게 들이쉬며 삽량한 공기가 폐부를 채운다.

수목원은 그리 높지 않은 산자락에 안겨 있다. 박물관 안에는 나무의 역사와 쓰임이 알기 쉽게 전시되어 있는데 수령이 몇 백 년이나 된 나무의 나이테를 들여다보노라면 내가 너무 왜소한 느낌이다. 한 켜 한 켜 마디마다 고통으로 응결된 삶의 진한 모습이 배어 있는 것만 같아서 숙연해진다.

박물관 옆에 딸린 식물원으로 들어서다 나는 탄성을 질렀다. 검푸른 수평선 너머에서 솟아오르는 해를 머금은 듯한 주홍빛에 끌려서였다.

동생이 보낸 화초는 '백량금'이었다. 백량금과 백만금이 혼동되면서 갑자기 부자가 된 느낌이었다. 진실로 넉넉한 풍요로움은 눈에 보이는 것보다 보이지 않는 마음에 있을 터이다.

어찌하여 저 작은 식물에 백량금이란 이름이 붙여졌는지 궁금하였지만 내가 알 수 있었던 것은 간단한 특징의 설명뿐이었다.

'백량금(百兩金)'은 '진주산(珍珠傘)'이라 불리기도 하는데 같은 속(屬)의 '자금우(紫金牛)'와 더불어 작은 풀과 같은 나무에 붉은 앵두 같은 열매를 달고 겨울을 지내는 남녘의 대표적인 식물이었다. 9월에 붉게 익은 열매는 다음해 6월에 꽃이 필 때까지 떨어지지 않고 조건이 좋으면 달린 채로 싹이 튼다는 것이다.

작으면서도 알차게 열매 맺고 또 오래 가는 그 인내와 지속성. 동생이 그 화초를 보내온 깊은 뜻이 은은히 가슴에 배인다. 나 또한 백량금처럼 살고 싶기도 하다.

느긋한 발걸음으로 멀지 않은 곳에 위치한 세조의 능을 따라 올라가 보았다. 그가 가졌던 재능이나 나라를 위한 열정보다는 조카인 단종을 폐위시키고 보위에 오른 것으로 인해 뭇사람들에게 지금도 비판의 대상이 되는 세조가 누워 있다. 14년 동안 보위에 있기 위해 그가 치른 대가는 엄청나기만 하다.

몇 백 년이 지난 지금까지도 오명을 씻지 못하고 있는 그에게 뜨거운 연민을 느낀다. 우렁차게 만조를 호령했을 그도 세월은 어쩔 수 없어 주변의 석물(石物)만이 그를 위로하고 있다.

권좌를 향한 사람들의 갈망은 까마득한 옛날부터 이어져왔다. 구석기, 신석기 시대를 거쳐 청동기 시대에서부터 시작된, 정복욕의 결정체인 권좌를 향한 숱한 싸움과

음모. 내가 살기 위해 상대를 죽여야 하는 모순 속에서 역사는 계속 흘러왔다. 그러나 승리한 이들도 영원하지 못하고 흐르는 세월 앞에 무릎 꿇고 흙으로 돌아가서 인생의 무상함을 보여준다.

수양대군 시절, 「석보상절」을 짓는 등 다재다능했던 세조는 자신의 큰 욕심을 다스리지 못해 과오를 범했다. 임금의 숙부로선 만족할 수 없었던 그가 탐했던 보다 큰 것에의 갈망으로 인해 기나긴 세월에도 지워지지 않는 응보의 자국을 남겼다. 보위에 있는 동안 심혈을 기울인 많은 불경언해(佛經諺解)도 그의 과오를 덮어주지는 못했다.

휘잉 ―. 바람이 그가 누운 곳을 맴돌다 사라진다.

황량한 바람이 줄곧 나를 따라오는 듯 가슴이 시려 옷깃을 여미며 총총히 돌아섰다.

자연의 법칙은 살아있는 모든 것에 다 공평하다. 인간도 완전하지 않다. 이런 인간을 위로하는 작은 것들이 세상에는 수없이 많다. 백량금 또한 아름다운 열매를 생의 절반 동안 무겁도록 달고 서서 보는 이로 하여금 그 무게만큼의 기쁨을 느끼게 한다. 비록 작은 몸짓과 작은 열매이지만 큰 것을 탐하여 큰 과오를 저지르는 것을 경계하는 교훈을 준다.

넓은 땅을 차지하고 누웠어도 무상함만을 보여주던 세조의 능. 그곳에서 느끼던 허무한 비애를 한 뼘의 땅에서 열매 맺은 백량금이 백만금의 풍성한 이치로 삭혀준다.

알알이 빛을 모으고 있는 백량금을 가슴에 담는다.

(1995)

삶의 부채질

인터넷 사이트에 '자살을 지지하는 모임'이 생겼다. 그 방을 드나드는 인원이 6천명을 육박하더니 서로 동반자살한 사람이 있어 세상을 떠들썩하게 했다. 평생을 살아가면서 어찌 좋은 일만 있을 수 있겠는가. 나도 한때 자살의 유혹에 빠졌던 적이 있다.

아이들을 데리고 하루하루 살아가는 것이 너무 고달프고 힘들었다. 삶에 대한 의욕도 없었고 살아야할 이유도 찾을 수가 없었다.

긴 불면의 벼랑 끝에서 선택한 한 가지 방법, 그것은 빨간 알약을 위장을 그득 채울 만큼 삼키는 것이었다. 약방을 전전하며 산 수면제가 어느만큼 모아졌을 때 드디어 마지막 결심을 했다.

불면의 저 끝에서 졸음이 몰려왔다. 죽음이 이처럼 감미롭다면 죽을 만하다고 자위하며 노곤한 잠 속으로 빨려들어 갔다.

긴 터널을 빠져 나와 눈을 떴을 때는 하얀 천장이 먼저 눈에 들어왔다. 그리고 나를 보고 있는 얼굴들… 모두가 낯설었다. 패배자의 심정이 얼마나 비참한지를 실감하는 순간이었다.

3일 만에 깨어난 나를 바라보는 식구들의 걱정 어린 눈빛을 뒤로하고 나는 말없이 휘청거리는 다리에 힘을 주고 일어섰다.

비틀거리는 그림자를 앞세워 동네로 접어들던 시장길에 서였다. 강하게 내 눈을 끌어당기는 정경에 나는 걸음을 멈추었다.

가로수마저 무기력하게 잎을 내리고 있는 뙤약볕 아래 발가벗은 아이가 과일장수 여인의 손수레 아래칸에 잠들어 있었다. 볕에 그을리다 못해 새까맣게 된 벌거숭이 몸이 땀으로 범벅이 되어 번들거리고 있는 모습은 애처로움과도 거리가 먼 처절한 형상이었다. 입으로는 오고가는 행인들에게 과일을 사라고 소리를 지르며 손은 연방 아이를 향해 부채질을 하는 여인의 손끝에서 끈적이는 삶이 부채질의 바람만큼 피어나고 있었다.

여인과 아이의 모습이 내 마음을 강하게 치받아 나는 그 자리에 무너져 내려 큰 소리로 울고 싶었다. 저들 모자의 모습을 가끔 보았을 테지만 어쩌면 나는 다른 사람의 고통은 외면하고 나만 힘들다고 어리광부리고 싶었는지 모른다.

이를 악물고 돌아서는 내 발은 무심한 돌부리에 걸려 휘청거렸다. 다들 저렇게 치열하게 살아가는데 비겁하게 나 혼자만 도망가려고 했던가? 부끄러웠다.

부끄러운 마음으로 집으로 들어서는 골목에서였다. 저희끼리 놀고 있던 내 아이 둘이 손수레 아이만큼이나 꾀죄죄한 모습으로 며칠 만에 보는 못난 어미가 반가워 하늘에 닿을 듯이 폴짝거렸다. 어린 자식을 팽개치고 저 혼자 고통에서 벗어나 보겠다고 도망치려던 이 무심한 어미를 보고….

그날 이후 거짓말처럼 삶에 의욕이 싹텄다. 이전의 나약하던 내가 아니었다. 아이들과 살아가기 위해서는 무슨 일인들 못하랴. 시장의 그 여인처럼 손수레를 끌 수도 있다는 자신감이 내 작은 몸을 채우고 넘쳤다.

자살, 한 순간만 템포를 늦춰, 세상을 한 번 휘 돌아보기만 하여도 죽는 것보다 사는 게 낫다는 것을 알 수 있게 된다. 죽을 용기가 있다면 그 용기로 사는 방법을 찾는 편이 낫다는 말 그대로다.

6·25 피난 시절, 어떤 사람이 자살을 하려고 영도다리로 나갔다고 한다. 세상을 비관하며 생을 마감하려는 생각으로 앉아 있다가 어디선가 날아온 구겨진 종이쪽지를 무심코 펼쳐 보았다. 그런데 종이에 담긴 내용이 찡하게 가슴으로 파고들어 차마 죽을 수가 없더란다. 하잘것없는 종이 한 장, 거기 담긴 작은 사연 하나가 죽음의 직전에 있던 사람을 구했던 것이다.

우리는 더러 남의 고난을 보고 자신의 처지를 위로 받을 때가 있다. 나보다 더 힘든 고통에도 꿋꿋이 사는 이들이 세상에는 많다는 것을 작은 계기를 통해 알게 된다면 쉽사리 죽음 속으로 걸어 들어가지는 못할 것이다.

삶에 좌절하여 '자살을 지지하는 모임'을 찾던 이들이 자신보다 더 어려운 처지의 사람들이 열심히 살아가는 모습에 감동받아 '악착같이 살아가는 모임'을 만들었으면 하는 마음 간절하다.

(2002)

별을 볼 수 있어 참 좋다

얼마 전 의정부로 이사를 했다. 서울 특별시민에서 수도권의 시민으로 밀려난 것이다. 뭐 서울 특별시민이라고 해서 특별히 내가 잘나서도 아니요, 말만 서울시민이었다 뿐이지 대단한 권리를 누리며 지낸 것도 아니었다. 다만 그럭저럭 그 속에 섞여서 그런대로 서울시민이란 자긍심을 가지고 살아왔는데 주변인으로 밀려나고 보니 기분이 그리 좋지 않았다.

위안을 삼을 것이 있다면 10여 년을 꿈꾸어 오던 우리만의 둥지를 마련했다는 것이고 다닥다닥 붙은 집들 속, 좀처럼 해를 구경하기 힘든 컴컴한 셋방에서 살다가 15층에 자리한 내 집에서 하루 종일 해 구경을 실컷 할 수 있다는 점이다. 그러고보니 좋은 것이 어디 해뿐이랴. 거실에 누워서도 산이 보이고 밤이면 달도 내 품속에 마음껏 안을 수 있고 특히 별을 볼 수 있어 참 좋다.

나는 한때 서울 하늘에는 별이 없는 줄 알았다. 고개만 들면 우리를 환상 속으로 데려가던 미리내, 내 고향 작은 마을에서 보이던 그 많은 별들이 서울 하늘에서 보이지 않아 얼마나 서운했는지 모른다.

물론 하늘과 제일 가까운 동네인, 달동네에서 살고 있던 나는 어느 동네 누구보다 더 별과 가깝게 살고 있었다. 그러나 나는 고개 들어 별을 볼 줄 몰랐다.

어느 날 갑자기 초롱초롱한 눈빛이 전 재산인 남매와 함께 세상에 내팽개쳐졌을 때부터 나는 별을 잊어버렸는지 모른다.

갑작스런 남편과의 이별, 그리고 절망.

그로 인한 충격 또한 컸지만 그러나 그 충격을 곱씹을 만큼 한가롭지 않았다. 아이들의 눈빛을 내가 살아야 할 이유의 전부로 해서 나는 새벽거리로 나섰다.

그리고 닥치는 대로 일을 했고 달동네와 조금씩 멀어지는 동안 아이들의 자라는 키만큼 세월이 흘러갔다. 아이들은 어느새 저절로 인 듯 자라 있었지만 짧지 않은 시간과 쉽지 않은 날들이 모아져 커진 키였다.

어느 날 나는 딸아이의 중학교 입학식 날 찍은 스냅사진 한 장을 들고 아연했다. 그 속에서는 딸보다 작고 왜소한, 나이보다 겉늙어 보이는 낯선 얼굴이 어색하게 웃고 있었다.

이 낯선 얼굴이 나란 말인가? 나는 그동안 나를 잊어버리고 잊어버린 것조차도 잊어버리고 살아왔단 말인가. 애련한 아픔이 칼날이 되어 온몸을 사박사박 저며왔다.

나를 찾아 어디론지 떠나고 싶었다. 세상의 모든 것으로부터 탈출하고 싶었다. 내 어깨를 누르는 아이들도 떨궈내고 나는 자유롭게 훨훨 날고 싶었다.

무작정 집을 나와 목적지도 없이 열차를 탔다. 목적지는 없어도 좋았다. 이 도시로부터, 내 푸른 젊음을 삼킨 이 회색의 도시로부터 탈출만 하면 되는 거였다.

바다가 보고 싶어졌다.

바람을 안고 찾아간 바다는 태풍과 어우러져 몸부림치고 있었다. 흰 머리채를 흔들면서 파도를 부추겨 바위를 후려치고 있었다. 항상 나를 감싸줄 것 같던, 내가 상상했던 바다가 아니었다. 자제력을 잃은 바다는 토악질하듯 품었던 모든 것을 뒤집어 갯벌에 쌓인 삶들을 죽음의 색깔로 핥고 있었다.

나는 무서워 가까이 갈 수가 없었다. 그러나 새파랗게 칼날 세워 달려드는 파도에 바위는 꿈쩍도 하지 않고 거기 그대로 서 있었다. 아니 눈 깜박하지 않고 맞서서 싸우고 있었다.

지칠 줄 모르던 파도의 포효가 갈매기의 끼룩거리는 울음소리 속으로 묻혀들었다. 바위는 지치지도 않은 듯이 태연히 서 있었다. 순간 가슴속 밑바닥에서 삶에 대한 애착이 스멀스멀 피어올랐다.

나는 누구인가?

가슴 속에서 꿈틀대는 욕망의 정체는 무엇인가.

진정한 나의 모습은 한 장의 스냅 사진 속에 박힌 모습이 아닐 것이다. 실낱같은 주름살이 점점 굵게 자리잡아가는 위로 함초롬히 자리잡는 또 다른 나의 모습, 가장 나다운 모습을 찾기 위해, 한 점 한으로 남아 있던 배움에 대한 열망을 채우기 위해 책가방을 챙겨야겠다고 생각했다.

저 멀리 까치노을 뒤로 뭉게뭉게 근심이 솟아났다. 아이들의 얼굴이 떠오르면서 마음이 먼저 회색도시로 달려가고 있었다.

돌아오지 않을 듯이 떠났던 나는 내 둥지로 다시 돌아왔다. 허망의 굴레를 벗어서 바다에 던져 버리고 딸에게 줄, 희망 닮은 소라껍질 하나를 주워 주머니에 넣고 왔다.

역 구내를 나서면서 무심히 바라 본 하늘에는 별이 총총히 빛나고 있었다.

산다는 것은 다 이런 건지도 모르겠다. 절망 속에서 골라 낸 한 올의 꿈, 하고 싶은 일을 할 때의 가슴 벅찬 감동 때문에 딸아이와 함께 알파벳을 외우며 세상은 살만하다고 느꼈다.

내 어깨를 누르던 아이들은 결코 짐이 아니라 무게에 비례한 희망이었다. 그 희망이 없었다면 나는 아마도 진작에 쓰러졌을 것이다. 이제부터 내게 있어서 살아가는 이유는 그 희망에다 나의 참 모습을 보태는 작업이 될 것이라고 생각되었다.

베란다에 내어놓은 군자란이 뒤늦게 볼에 바람을 넣은 듯 한껏 부풀었다. 겨자색깔 노랑의 도톰한 잎새 속에서 가녀린 꽃대가 올라올 때만 해도 꽃을 피울 수 있을지 의아심이 났는데 터질 듯한 꽃망울은 나를 감격시키다 못해 아련한 아픔까지도 느끼게 한다.

몇 해 전, 선물 받은 군자란은 햇볕을 제대로 받지 못해 조금씩 시들어가던 것이었다. 점점 생기를 잃어가면서도 끈질기게 뿌리 내리는 모습이 기특해서 새집에 와서는 햇볕을 듬뿍 받는 베란다 한가운데 자리잡아 준 터였다.

영롱한 별무리를 머리에 이고 있는 군자란의 자태를 보면서 나도 지금 별을 담을 그릇을 만들고 있다. 아직은 서툴지만 언젠가는 내 마음을, 내 인생을 담을 수 있는 투명한 그릇이 완성되는 날을 위해 오늘도 바람소리에 귀 기울이고 푸른 하늘을 아파하는 가슴을 만들고 있다.

오늘따라 하늘에는 별이 유난히 빛나고 있다.

(1993)

여 정

마운틴쿡 그리고 테카포

보고 싶은 당신, 지금 나는 남반구의 알프스라 불리는 마운틴쿡이 저만큼 보이는 길을 달리고 있습니다. 거대한 설산이 오늘은 당신처럼 부끄럼 타느라 반쯤 몸을 가리고 있네요. 그 당당한 모습에 부끄럼이라니요. 그런데 왜 그 모습이 자꾸 내 명치끝을 건드려 울렁임을 만드는지, 그 울렁임으로 코끝이 시큰해지는지 모르겠네요. 간절히 그리움을 키우다 이제 그를 눈앞에 두고 있는데 아직도 갈증이 이는 까닭은 무엇일까요.

안정된 삼각형모양의 거대한 설산 마운틴쿡. 그는 빙하기 때부터 내려온 만년설로 온몸을 감싸고 있습니다. 태양빛에 눈물 흘려 만든 투명한 분신을 차마 그대로 대서

양으로 흘려보내지 못해 제 자락에 품어 안고 있습니다.

그 애끊는 사연 중의 하나인 테카포호수에 이제 섰습니다. 그의 가슴을 녹여낸 물로 이룩한 호수, 얼마나 많은 열정을 품었기에 이토록 커다란 호반을 만들 수 있었을까요. 그윽한 옥색과 코발트빛 깊은, 눈을 맑히는 곳에 까치발로 서서 나는 충만과 상실을 동시에 느낍니다.

해발 390미터부터 층층이 형성된 호수의 물이 바다까지 흘러드는 동안 인공수로로 연결되어 있군요. 그 낙차를 이용한 9개의 무인 수력발전소가 작동하고 있다네요. 아직도 풀어낼 사랑이 얼마나 남았길래 전신을 감전시킬 전류를 흘리는 것일까요. 당신이 내게로 흘려보내던 그 전류를요.

이렇게 좋은 날

호숫가 언덕에 몇 사람이 들앉으면 꽉 찰 것 같은 아주 작은 교회가 있습니다. 신이 창조한 자연의 아름다움을 찬양하기 위한 곳이라네요. 언젠가 우리를 강하게 당겼던 아담한 시골교회가 생각나는군요. 어깨를 맞대어야 겨우 앉을 수 있던 옹이자국 선명한 그곳의 나무의자도 떠오르네요. 그리운 당신, 그때보다 제게서 더 멀리 있는 건 아니겠지요.

아쉬운 발걸음으로 버스에 오르니 마치 내 마음인 양 노래가 조용조용 울려 퍼집니다.

'이렇게 좋은 날은 그 님이 오신다면 얼마나 좋을까.'

그렇지요. 오늘같이 좋은 날 당신이 옆에 있다면 얼마나 좋을까요.

끝없이 너른 캔터베리평원에 수많은 하얀 점으로 박혀 있는 양떼들이 더없이 목가적으로 보입니다.

사랑하는 당신. 저 하늘을 보세요. 분홍빛 노을이 시선을 당깁니다. 그러고 보니 어제도 분홍빛 노을을 보았습니다. 로토로아 간헐천 노천탕에 윗몸 드러낸 채 엎드려 강인지 바다인지 분간 안되는 잔잔한 물을 바라보았지요. 수증기가 운무처럼 피어오르는 곳에 하얀 바닷새 한 쌍 서로 부리를 비비며 사랑을 나누고 있었어요. 그들의 사랑놀음을 한동안 망연히 바라보았지요. 사랑은 반드시 가슴 미어지는 통증을 동반하는 것인가요. 어디선가 애잔한 연가가 맴돌다 노을 속으로 잠겨들기도 했지요.

포-카레 카레 아나 나-와이오 로토루아 휘티아티 코에 히네 마리노 아나 에(비바람이 불던 바다 잔잔해져 오면 오늘 그대 오시려나 저 바다 건너서…)

바닷새 있던 근처 여기저기에 돌무더기가 있었어요. 누가 그 돌들을 쌓아올렸을까 궁금했지요. 돌 하나하나에 간절한 염원을 담았을 테지요. 노을빛에 물들던 돌무더기와 연가, 바닷새가 내 여정에 따라나서더군요.

달빛마을

보고 싶은 당신, 역마차는 이제 황량한 벌판을 지납니다. 서부영화의 한 장면이 연상되는 황무지, 가느다란 철사 같은 레드터석이란 이름의 풀이 광활한 사막을 뒤덮어 온통 황금벌판을 만들고 있습니다. 화산폭발에서 제일 먼저 생명력을 보인 레드터석은 사철 금빛인 풀이지요. 사슴이나 소는커녕 양도 먹을 수 없는 풀을 이곳에서는 보호를 한다네요.

구릉과 구릉 사이를 헤집고 길게 뻗은 외길. 해가 진 지 한참이건만 아직도 하늘은 코발트 색깔을 띠고 있네요.

열나흘 달이 휘영청 밝은 마을을 지나고 있습니다. 이곳이 '달빛마을'이라는군요. 달을 머금어 우윳빛으로 피어나는 마을은 몽환적으로 느껴져 묘한 분위기를 자아냅니다.

호숫가 농가에서 흘러나오는 불빛이 따스해 보이는군요. 농부가 하루의 일과를 막 끝내고 돌아와 식탁에 앉으며 고단했던 하루를 이야기하고 있겠지요. 그를 위해 따스한 식탁을 준비하는 아내와 가족들의 일상이 그려지는 정경입니다.

황금의 남십자성

좀전까지만 해도 보이던 양떼들마저 그들만의 둥지로 찾아들었나 보군요. 둥지래야 작은 바위 틈새나 골짜기의 분지에 불과하지만 그들에게는 그곳도 더없이 안온한 안식처겠지요. 냇가의 나무들도 길게 열을 지어 얌전히 잘 준비를 하고 있는데 하얀 너울을 쓴 산들만이 어둠에 묻히지 않으려고 안간힘을 쓰고 있습니다.

아! 이제 남십자성이 보이는군요. 옆으로 비스듬히 누운 십자가 모양의 그 별 바로 위에는 그리스 신화에 나오는 반인반마 켄타우로스가 오른손에 창을 쥔 모습으로 있습니다. 그 사이사이에는 은싸라기를 흩뿌려 놓은 듯한 별무리가, 그 아래에는 아르고호자리가 손을 치켜들면 닿을 듯 바로 내 머리 정수리께까지 내려와 머뭅니다.

아까 달빛마을서부터 줄곧 따라오던 내가 입은 스웨터

의 샛노란 색깔을 닮은 달은 또 어떻고요. 느린 행보로 아직도 골짝을 벗어나지 못하고 맴돌고 있습니다. 아마도 별들의 잔치를 방해하고 싶지 않아서겠지요.

한때 노다지를 찾아 많은 사람들이 몰려들었다는 골짜기를 지납니다. 미다스처럼 손만 대면 황금이 잡히던 시절이 이곳에도 있었답니다. 황금을 좇아 숱한 사람들이 구름처럼 몰려왔다지요. 지금은 자연보호를 위해 채금이 허용되지 않지만 비 온 뒤끝이면 여기저기서 금빛이 눈부시다는군요. 40여 년 동안 사람의 손에 할퀴어 몸살을 앓았을 계곡이 정적에 묻혀있고 움막 몇 채만이 덩그마니 옛 영화를 잠재우고 있습니다.

황금의 시대 그때 영국을 빼박은 도시가 이곳에 세워졌다지요. 영국풍의 도시, 퀸즈타운으로 들어섭니다. 퀸즈타운, 이름 그대로 모든 여성들이 여왕이 되는 곳이라는군요. 잠시 일행들이 술렁입니다. 저요? 당신 없는 여왕이 무슨 의미가 있을까요.

와키티푸

여명에 눈을 뜨니 아주 낯선 곳입니다. 어젯밤 늦게 도착하여 다 지워진 풍경 속으로 들어와 잠든 기억이 나네요.

숙소를 빠져나가 호숫가에 서 봅니다. 강물이 왼쪽에서 오른쪽으로 좁고 긴 S자 형태로 퀸즈타운을 감싸고 흐릅니다. 바다 같은 호수, 와카티푸. 실인즉 바닷물처럼 썰물과 밀물의 차가 20센티미터나 된다는군요. 원래 이름이 '와카 티파 와이 마오리'라나요. 거인이 누워 있는 사이사이를 흐르는 물이라는 전설에서 유래되었다네요.

나목 몇 그루 물가에 서 있고 바다처럼 너른 호수 너머 늘 푸른 숲, 그 뒤에 눈 덮인 산이 나그네의 심사를 위로하고 있습니다. 맑은 하늘에 떠있는 색색의 구름, 화가의 팔레트 위 물감마냥 펼쳐져 있는 분홍, 보라, 잿빛 등등…. 그 화려한 빛깔에 오래 취해 있었나 봅니다. 새소리에 퍼뜩 정신을 차려 뒤돌아서는데 숨이 턱 멈출 것 같습니다. 뒤를 막아서는 검은 산, 어느 날 갑자기 내 앞에 우뚝 버티고 서던 당신 모습 그대로입니다. 당신, 모르시지요. 당신이 얼마나 커다란 그림자로 내 앞에 다가섰는지를요.

연인 열차

이른 아침을 먹고 또다시 길을 나섭니다.

호수와 황톳빛 능선이 서로 어우러져 골을 만들고 저만

치 병풍처럼 설산이 둘러쳐진 외길을 얼마쯤 달렸을까요. 남쪽의 제일 마지막 지점인 킹스톤역이 봉긋이 솟아오르는군요. 한 쌍의 연인들이 열차를 타는 모습이 보입니다. 그들은 무슨 생각과, 무엇을 꿈꾸며 나란히 손을 맞잡고 기차에 오를까요.

킹스톤역을 막 지나자 은회색 지붕에 하얀 벽의 아담한 집이 한 채 보입니다. 마당에 널린 햇살 받은 빨래가 유난히 눈부시네요. 푸른 눈의 작은 소녀가 성긴 나무 울타리 앞에 서서 손을 흔들고 있습니다. 소녀도 작은 씨앗을 품어 틔운 꿈을 가슴에 간직하고 있겠지요. 왕자 닮은 소년을 만나는 꿈을요.

거울호수 앞에서

잠시 가던 길을 멈추고 거울호수 앞에 섭니다. 산과 나무와 숲 모두를 품어 안고 있는 호수, 세상의 눈으로 그냥 보는 것보다 수면에 비친 모습이 더 간조롬해 보이는군요. 마치 카메라를 통해 바라보는 피사체가 더 안정되어 보이듯 말이에요.

시기했던 것일까요. 아니면 자신도 자연의 한 풍경임을 강조하고 싶었던 걸까요. 청둥오리 한 마리 바람갈로 잘

그려진 그림을 없애는군요. 그래요, 우리네 사람살이도 어찌 바람 없는 수면처럼 고요한 날만 있을라고요.

우리도 가끔씩은 거울호수 앞에 서듯 자신을 성찰해보는 시간이 필요할 것 같네요. 지난 봄 고도 경주에서 분황석정을 들여다본 일이 있지요. 그날 물 속에서 한 여인을 발견했더랬어요. 거울 대신 우물에 자신을 비춰볼 수밖에 없었을 그 옛날의 민초들처럼 무연히 물 속을 들여다보던 그 시간이 내게도 성찰에 다름 아니었지요.

비 오는 날의 폭포

이곳은 지금 겨울과 여름이 공존하고 있는 듯합니다. 금방 빙하와 눈이 쌓인 호수를 보며 달렸는데 어느새 밀림 속으로 들어서는군요. 안개가 마법사의 램프에서 나오는 연기마냥 길게 띠를 두르고 따라오더니 기어코 비를 만들었습니다.

셀 수 없이 많은 수의 폭포가 하얗게 물구나무를 서고 있는 골짜기 속으로 들어갑니다. 맑은 날이면 볼 수 없지만 비 오는 날이면 수천 개의 폭포가 일시에 생겨나 장관을 이룬다는군요. 3백여 개까지 세다가 깜박 숫자를 놓쳤네요. 수없는 물기둥 앞에 망연해집니다.

당신과 내가 함께 숨쉬던 그곳에도 숨은 듯 깊숙이, 그러나 긴 세월에 마르지 않던 폭포가 있었지요. 새벽을 깨우며 우리의 선조를 닮은 산에 뿌리박은 그를 찾아 오른 적이 있습니다. 지척을 분간할 수 없는 안개에 돌부리를 차며 걷다 보니 어디선가 산을 가르는 소리가 들렸더랬습니다. 제 몸 부수는 아픔을 하얀 물거품으로 승화하여 무지개를 만들던 감동이 그날 무척이나 가슴을 쳤었지요.

밀포드사운드

그리운 당신, 바다로 나가기 위해 배에 오르자 육체보다 정신이 먼저 달음질칩니다. 이대로 난바다로 나가면 당신께 가닿을까요.

빗줄기는 여전히 숲을 건드리며 안개를 불러일으키고 있습니다. 바위산에 뿌리를 박고 있는 작은 키의 나무들과 풀들이 깎아지른 벼랑의 경사에도, 바람에도, 눈에도 굳건히 삶을 지탱하고 있습니다.

한 줌도 되지 않는 흙에 의지해 굳건히 살아가고 있는 그들의 몸짓에 경건함을 느낍니다. 그러고 보면 세상의 모든 것들이 의미롭지 않은 한살이가 있을라고요. 악조건일수록 더욱 견고히 뿌리내리는 그들 삶의 형태에 자신의 목숨이라고 스스로 포기하는 인간상이 겹쳐집니다. 어쩌면 자연 속의 모든 것, 풀 한 포기조차 인간에게는 큰 스승이 아닐는지요. 한때 나도 철없어 교만했던 때가 있었지요. 내 뜻대로 되지 않는 세상사를 원망하며 삶을 접으려 했던 적이요.

이제 배는 밀포드사운드의 초입 타스만해협을 돌고 있습니다. 이곳에서 곧장 앞으로 나아가면 남극 우주기지까지도 갈 수 있다는군요.

파도가 점점 높아지네요. 뱃머리를 덮치는 큰 파도에 나는 난간을 부여안고 뱃멀미를 앓습니다. 우리 삶도 이처럼 작은 뒤척임에도 곧잘 궤도를 벗어나 호된 시련을 겪곤 하지요. 그럴 때면 조금 전 지나온 그 바위산의 풀뿌리를 떠올릴 일입니다.

흰 벽과 창문

오늘은 사포호텔에서 여장을 풀 예정입니다. 내가 묵을 성의 뾰족탑이 멀리서도 보이는군요.

검정 나무기둥이 회랑을 따라 쭈욱 늘어서 있고 흰 벽과 고딕풍의 창문들이 운치를 더해 줍니다. 성을 지키고 선 버드나무, 욕심껏 팔을 뻗어 하늘을 움켜쥐려고 하네요.

옛성으로 발을 들여놓는 순간 안주인이라도 된 양 내 어깨가 올라가더군요. 당신이 맞아줄 것 같은 착각에 잠시 긴장을 하기도 했습니다. 어디에 있지요, 당신은?

나를 맞이하는 또 다른 문이 하나 더 있습니다. 돌기둥이 세 개 보이고 가운데 길게 이어진 복도, 그 양쪽으로 붉은 양귀비꽃이 정열을 뿜듯, 사랑을 태우듯 불꽃을 피웠군요. 돌기둥을 타고 오르는 주홍색 꽃의 이름은 알 수가 없네요. 능소화라 해두면 어떨까요.

침대에 걸터앉자 정면 벽에 걸린 에밀 놀데의 그림이 시선을 당깁니다. 노랑과 새빨간 꽃들 가운데 한 무더기의 청람색 붓꽃. 원색으로 그득 채워진 꽃밭에 뒷모습을 보이고 앉아 있는 남자와 돌아서며 손을 잡아끄는 흐릿한 여자의 얼굴이 신비로움을 자아냅니다. 그 연인들의 속삭임이 들릴 듯 몽환적이고 강렬한 색채가 가슴 한켠을 달구네요. 우리에게 추억이 있다는 것이 얼마나 위로가 되는지…. 당신도 알고 계시죠?

길을 찾아서

먼동이 터오는 새벽녘, 새로운 길을 위해 성을 나섭니다. 밤새 길을 재촉하고도 아직 지붕께에 걸린 열이레 달이 무염한 웃음을 흘리네요.

우리의 삶 자체가 길고도 짧은 길찾기가 아닐는지요. 더러는 잘 못 든 길을 깨닫고 돌아서기도 하지만 종내는 한곳을 향해 가는 동행의 나그넷길이겠지요.

그리운 당신, 나의 여정이 당신과의 간극을 좁히는 길이라 나는 믿어요. 때문에 이 길이 외롭지 않음을 고백합니다. 안녕, 내 사랑. (2005)

수국과 불두화

수국이 맑은 청빛으로 송이송이 꽃을 피웠다. 어림잡아 스무 송이 남짓한 꽃이 아침 햇살을 받아 영롱하다. 3년 전 평창에서 분양받아 올 때만 해도 젓가락만한 가지였는데 기특하게도 자리를 잘 잡아주었다. 제 고향의 기름진 땅과 신선한 공기를 떠나 비좁은 화분과 매연 그득한 도심에 강제로 이주 시켰건만 타박하지 않고 오로지 제 본분에 충실한 모습이다.

그 옆에도 경쟁이나 하듯 수국 몇 분이 지난겨울 혹독한 추위를 견디고 꽃을 피웠다. 짙은 청빛, 연분홍빛, 붉은빛으로 제각각의 빛깔을 지닌 채 뽐내고 있다. 보면 볼수록 탐스런 송아리의 매력에 끌려든다.

어느 해 늦은 봄날이었다. 도처에서 꽃향기가 손짓을

하니 그냥 집안에 있을 수가 없었다. 하여 횡성 깊은 골에 자리한 풍수원성당을 찾아 나섰다. 2백여 년의 역사가 말해주듯 성당의 빨간 벽돌은 먼빛으로도 고색창연하였다. 아담한 성당을 얌전히 받쳐든 듯한 언덕을 오르자 느티나무 한 그루가 다소곳이 반기고, 담장을 대신한 수국이 환히 불을 밝혔다.

언제 꽃방석에 앉아 볼런가. 잠시 가쁜 숨도 식힐 겸 지는 꽃이 소보록이 쌓인 곳에 염치 불구하고 앉으니 호사하는 김에 더 즐기라는 듯 머리 위로 꽃잎이 함박눈처럼 폴폴 흩날렸다. 하얀 공처럼 둥글게 보이는 꽃은 눈여겨보니 별을 닮은 수십 개의 알갱이가 모여서 하나의 송이를 이루었다. 서로 다닥다닥 붙어 의지하며 겨운 향연을 벌이고 있었다. 한데 이런 무식의 소치가 어디 있나. 지나가던 분이 수국이 아니고 '불두화'라 했다.

알고 보니 불두화는 외로운 꽃이었다. 꽃의 기능을 상실한, 날 때부터 불임은 그에게 주어진 천명이란다. 꽃과 곤충의 세계는 오묘하다. 제 스스로는 한 발짝도 뗄 수 없는 식물은 대부분 아름다운 자태에다 향기를 풍기고 꿀을 만들어 벌과 나비를 꾀어 수정이란 단계를 거친다. 더러는 속고 속이는 게임을 하듯 치열하고 어떤 경우에는 꽃 한 송이가 수술의 몸으로 태어나 암술로 마감하는 성 전환을 하기도 한다. 그런데 이 무슨 운명의 조화인가. 암술도, 수술도 갖지 못하고 헛꽃만 잔뜩 피운다니. 아예 꿀샘조차 만들 수 없어 벌과 나비로부터 외면당하는 꽃, 꽃으로 태어나 이보다 더 수치스러울 수 없다.

하지만 절망의 뒤편에는 반드시 희망이 있듯이 그에게도 한 가지 위로 삼을 것이 있다. 꽃의 생김새가 마치 부처님의 머리모양을 닮았다 하여 '불두화(佛頭花)'란 이름을 얻었다. 뿐만 아니다. 절마당에 자리잡고 마음껏 모양새를 뽐내며 스님들에게 귀한 대접을 받는다. 씨를 맺을 수 없지만 나름의 자구책으로 땅에만 닿으면 자신의 분신을 퍼트리는 그를 보면서 수도자들도 자연의 섭리를 깨우치는 것이리라.

하여튼 나는 그날 이후 수국과 불두화를 확실하게 분간하게 되었다. 작약은 풀이요, 모란은 나무이듯이 깻잎과 흡사한 이파리를 가졌으면 수국이요, 덩굴처럼 엉겨 무더기 무더기 겹도록 꽃을 피우면 불두화임을…. 그래도 나는 고집스레 수국과 불두화를 항상 함께 묶어서 생각한다.

나는 또한 청빛 수국을 처음 만난 날의 설렘을 지금도 기억하고 있다. 이국땅이어서 더 그랬을까. 아니면 동행의 분위기 때문이었을까. 일본의 작은 도시에서 초연하게 보슬비에 젖은 수국과 맞닥뜨리곤 이심전심 그 자리에 붙박인 듯 오래 서 있었다. 첫사랑을 가슴에 담았던 그때처럼 멀미기가 도지며 속이 울렁거렸다. 하얀 송이 불두화를 수국이라 여겼던 내게 그날 처음 본 청빛 수국은 또 하나의 아련함이었다.

한데 불두화의 꽃말이 '은혜와 베풂'인 반면 수국은 토양에 따라 꽃의 색깔이 변한다 하여 '변덕'이란다. 토양이 중성이면 흰색, 산성이면 청색, 알칼리성이면 분홍색으로 변하기에 변덕이라고 폄훼했지만 돌려 생각하면 몹시 순수하기 때문일 것 같다. 하얀 한지 위에 물감 한 방울을 떨어트리면 선명하게 배어들 듯 불순물이 섞이지 않은 순수를 나는 높이 사고 싶다. 아니다, 관용(포용)일 수도 있겠다. 잘잘못은 아랑곳없이 큰 목소리만이 무성한 이 시대에 자기를 내세우기보다는 상대의 뜻을 너그러이 품을 수 있는 관용. 그래서 우리집 수국의 꽃말은 '순수와 관용'이다.

요즘의 내 작은 소망은 마당이 있는 집에서 수국과 불두화를 풍성히 키워보고 싶다. 마당 한켠에 만개한 수국과 불두화를 바라보면서 고운 문우들과 시 한 수씩 낭송한다면 이보다 더한 호사가 어디 있으랴.

나는 지금 꿈만으로도 몽롱하다. (2013)

비파를 그리며

간절한 소원이 어느 날 기적처럼 이뤄졌다.

손바닥만큼이라도 좋으니 내 땅을 갖고 싶었다. 더도 덜도 말고 두어 평 정도면 바랄 게 없을 것 같았다. 그 땅에 과실나무 한 그루를 심고 귀퉁이 한 뼘쯤 남겨 도라지와 수국을 심었으면 했다. 한데 뜻밖에 작은 오두막이 키다리 아저씨의 선물처럼 주어졌다.

꿈같은 일이었다. 땅을 딛고 선 집, 금상첨화로 뒷담은 창경궁이 대신 둘러주었고 늠름한 매화 한 그루에 살구, 산수유, 주목에 모란까지 식구가 여럿이었다. 뿐인가, 뒤꼍에 딸린 한 뼘이 아닌 한 아름쯤 되는 땅에 그와 나는 철부지처럼 환호작약하였다. 엄동설한 동짓날 이사를 하면서도 춥지 않았다. 그날부터 오로지 봄이 오기만을 손

꼽아 기다렸다.

긴 긴 겨울이 지나고 드디어 봄이었다. 그런데 사람의 마음은 이토록 간사하단 말인가. 꿈에 버금가는 횡재에 겁도 없이 간이 커져 더 욕심을 부렸다. 있는 식구나 잘 거둘 일이지 분수도 모르고 나머지 땅에 무엇을 심을 것인지 설왕설래하였던 것이다. 평소에도 마음이 끌린다 싶으면 몰두하느라 앞뒤 사정을 가리지 않는 이 대책 없는 커플을 누가 말리랴. 그와 나는 급한 마음을 앞세워 꽃시장으로 달려갔다.

애초에는 앵두나무 딱 한 그루만 모셔올 생각이었다. 그런데 이게 웬일인가. 앵두는 간곳없고 우리는 이심전심으로 '비파'라는 명찰을 단 나무에 요즘 아이들 말로 '필'이 팍 꽂혔던 것이다. 나무를 넘겨받아 집으로 돌아오는 내내 흥분하여 다른 생각은 할 겨를도 없었다. 홍조를 띤 그의 모습에 얼비친 내 자화상을 보았을 뿐이다.

의기양양하며 비파를 뒷마당 한가운데에 자리 잡아 주기까지 짧은 해가 모자랄 정도였다. 품새로 보아 키가 아주 클 것이라는 둥, 너무 깊게 심지 말라는 둥 제법 알은체까지 하면서….

반나절의 분잡을 떤 끝에 아주 큰일을 해낸 양 우린 마주보며 회심의 미소를 지었다. 장미과(科)에 속하는 비파(枇杷)는 과실과 잎 모양이 고전악기인 비파(琵琶)와 비슷한데서 유래했다는 설이 있고, 약 3천년 전의 인도 불전(大般涅槃經)에 약이 되는 '나무 중의 왕(大藥王樹)'이라는 기록이 있다나. 우리에게 나무장수는 비파 한 그루만 집에 들이면 가정상비약이 필요 없다고도 했다. 무슨 만병통치약장수처럼 어디에 좋고를 열거하던 그의 말에 혹한 것은 아니다. 오로지 '비파'라는 그 어감 때문이었다.

또한 근사한 이름에 걸맞게 애봄임에도 불구하고 짙푸른 청록의 이파리는 강직해 보였고, 꼿꼿한 줄기는 기개를 지닌 양 쉽게 범접할 수 없는 품위까지 지녔다.

한데 우리의 이 소동은 채 이틀도 못 가서 막을 내렸다. 다음날 한껏 들떠 자랑을 하는 내게 김선생님이 일침을 놓았던 것이다.

"그 나무는 이렇게 추운 지방에서 못 살지."

그제야 화들짝 호접몽에서 깨어난 나는 스스로의 어리석음을 확인하며 실소를 했다.

하지만, 이런들 어떠하며 저런들 어떠랴. 겨울이 되면 실내로 들이기 위해 다시 화분에 옮겨 심느라 또 한 번의 번잡을 떨면서도 마냥 뿌듯하였다. 그런 해프닝 속에서 아주 오랫동안 부러워하던 집을 떠올렸던 것이다.

그 집은 전철 선로 옆에 닿을 듯 붙어있었다. 빛바랜 슬레이트 지붕에 얼기설기 두른 양철 담장, 녹슨 철대문은 옛날식 기차가 '꽤액' 기적을 울리면 제풀에 힘없이 무너져 내릴 것처럼 위태로워 보였다. 겨울이면 눈 속에 며칠씩 폭 파묻히기도, 여름이면 담쟁이넝쿨에 감싸이곤 했다.

몇 년을 그 곁을 스치듯 지나다니면서도 나는 그 집 주변이 흐트러진 모양을 보지 못했다. 층층이 일궈 만든 계단 닮은 남새밭은 언제나 정결했다. 아마 집주인은 동살 무렵이면 황토마당을 싸르락 싹싹 비질한 후 잡초를 뽑고 푸성귀에 물을 주는 모양이었다.

그런데 정말 우리가, 내가 그에 버금가는 집을 갖게 되었으니 흥분하지 않을 수 있으랴. 기왕에 우리 식구가 된 비파를 추운 계절이 오면 어느 시인처럼 솜이불이라도 둘러 애지중지 키우리라 마음먹는다. 어찌 알겠는가. '거문고와 비파'라는 뜻을 지닌 그 덕분에 금슬지락(琴瑟之樂)이 철철 넘쳐 그와 내가 더욱 알콩달콩해질는지.

(2014)

작가 연보

1958	경북 예천군 하리면 출생
1961	경남 창원군 내서면 합성리(마산시 합성동)에서 성장
1969	창원군교육청 주최 백일장 장원(산문)
1972	서울로 이주
1992~1996	한국방송통신대학교 국문학과 입학 및 졸업
1993~현재	한양수필문우회 동인(『한양수필』 제3~28집)
1995	월간 『수필문학』으로 등단
1996~2006	수필문학사 편집부장
1997~2006	한국수필문학가협회 사무국장
1998	한국문인협회 회원
2000	국제펜클럽 한국본부 회원
2002~2003	국민일보 '여의도에세이' 연재
2003	제13회 수필문학상 수상
2004~현재	『월간문학』 편집위원
2005	한국여성문학인회 회원
2007~현재	도서출판 소소리 대표
2009	'수필 속의 부채전'(문학의 집 · 서울)
2011	제4회 한국문학백년상 수상(한국문인협회)

2011~	사월애 회원
2012~2014	한국신문윤리위원
2013	자전거 소품전(문학의 집 · 서울)
2015~	국제펜클럽 한국본부 이사
2017~	한국여성문학인회 이사

저서

1999. 수필집 『별이 빛나는 하늘』

2003. 수필집 『폴라리스』

2007. 수필집 『속절없다, 시린 꽃빛아』

2009. 수필집 『부챗살 나들이』

2011. 수필선집 『하늘과 바다와 세상의 꿈』

2016. 수필집 『매화나무와 놀기』

2020. 수필선집 『그 산의 바다』